JN299826

お子さんに関する悩みに言語聴覚士がお答えします

ことばの障害と相談室

編　能登谷晶子
著　四十住　縁　　折戸真須美　　金塚智恵子
　　諏訪　美幸　　原田　浩美　　能登谷晶子
　　橋本かほる　　谷内　節子　　若島　睦

エスコアール

執筆者一覧

編集
能登谷晶子　金沢大学医薬保健研究域保健学系・教授

執筆者（五十音順）
四十住　縁　　医療法人社団あいずみクリニック
折戸真須美　　公立羽咋病院・リハビリテーション科
金塚智恵子　　黒部市民病院・リハビリテーション科
諏訪美幸　　　社会医療法人財団董仙会　恵寿総合病院・リハビリテーション部　言語療法課・係長
能登谷晶子　　金沢大学医薬保健研究域保健学系・教授
橋本かほる　　金沢大学大学院医学系研究科博士後期課程
原田浩美　　　聖隷クリストファー大学　リハビリテーション学部・言語聴覚学科・教授
谷内節子　　　社会医療法人財団董仙会　恵寿総合病院・リハビリテーション部　言語療法課・課長
若島　睦　　　黒部市民病院・リハビリテーション科・主査

本書を刊行するにあたって

　ことばの問題にもいろいろあって、それぞれの専門領域に関する教科書や詳しい解説書はすでにあります。この本は、現場の言語聴覚士（ST）が長年培ってきた経験や技術をまとめたものです。我が子の言葉の問題が気になるご両親、保健所の保健師さん、言語聴覚障害児を担当の学校の先生、就学時の健診等でお世話になる教育委員会の委員の方、子どもが病気になった時にお世話になる小児科や耳鼻咽喉科の先生方、最後にキャリアの少ない若いSTの方々にも読んで頂ければ幸いです。

はじめに

　少し前から、幼いお子さんを持つ若い両親や保育園・幼稚園の先生・保健師さんたち向けの子どもの言葉の本を書きたいと思っていました。失礼な言い方かもしれませんが、言葉の相談にみえる若い親御さんたちをみて、どうも父親・母親として大丈夫？頼りない印象を持ち続けてきました。また、このような若い親御さんから相談を持ちかけられる立場になる保育園・幼稚園の先生や保健師さんたちからも、「実は困っているのです」という話もよく耳にしていました。しかし、このような一見頼りないと見える若いご両親でも子どもの問題について理解してもらい、具体的に家庭でのやり方を示してあげれば「私だって、できる！！」という前向きな気持ちを持ってもらえ、しかも立派に実践もできることも分かってきました。仮に障害を持ったお子さんが生まれても、親が専門家からの指導を受けながら家庭の中で指導をしていくやり方は、子どもがその能力を精一杯に伸ばしながら成長できる一番良い方法だと考えています。要は親しだいなのです。

　ですから、我々はこの本を通して親御さんへ支援をしたいのです。言葉の障害を抱えたお子さんを持つ親御さんに親としての心構えや、その他関係者へのアドバイスについて僭越ながら書かせて頂きました。

　私の住んでいる北陸地方にもすでに十数年以上の言語聴覚療法のキャリアのある言語聴覚士（ST）が何人もいます。これらの仲間達に声をかけて、臨床場面で経験してきた子どもの言語聴覚障害に対する訓練の進め方や、親御さんへのアドバイスなどをまとめました。

　私の長年の臨床活動の場である金沢大学附属病院耳鼻咽喉科言語外来には多くの聴覚障害児も来科していますが、聴覚障害を見逃すと、どんなに恐ろしいことになるかということも数多く経験してきました。この本の別シリーズで聴覚障害だけをまとめて執筆しましたので、ぜひそちらもご一読頂ければ幸いです。

文中のいたるところに私の長年の臨床経験を織り交ぜました。今まで記憶にとどめておいたものをこの本にまとめ上げましたので、ぜひ関係者や後輩たちに目を通してほしいと願っています。最後にこのような機会をいただいたエスコアール代表取締役の鈴木弘二氏に心より感謝申し上げます。鈴木弘二氏は、20年余り前に日本に言語聴覚士の国家資格制度を創ろうと共に集まったメンバーの一人です。良き先輩でありながら、いつも気軽にお声をかけて頂いています。この世の中はやはり人との出会いですね。

平成24年5月
金沢大学医薬保健研究域保健学系
能登谷晶子

本書を刊行するにあたって ……………………………………… 3

はじめに ……………………………………………………………… 4

第一章　子どものことばの発達 ………………………………… 7

第二章　子どものことばの発達を阻害する要因 ……………… 13

第三章　言語聴覚障害児の言語聴覚療法の実践例 …………… 25

第四章　臨床場面で親御さんから受けた質問 ………………… 53

第五章　関連職種の方々へのお願い …………………………… 69

最終章 ……………………………………………………………… 75

おすすめの書籍一覧 ……………………………………………… 79

第一章

子どものことばの発達

この章で言いたいことは、おおよそで結構ですから、子どもの言葉の発達に関心を持ってほしいという点です。幼児期は人間にとって人格形成・社会性を育む大切な時期です。それらは親による言葉かけで作られていくものです。私たちは言葉によって行動を規制しているのです（簡単に言えば考えているのです）。言葉がなくても思考は成り立ちますが、より深めるためには言葉は不可欠です。

　貴方の御家庭にお子さんが生まれたら、ある程度は言葉の発達に関する知識を持ってほしいです。まじめな話ですが、あるお母さんが幼いわが子に向かって、「あ」、「い」、「う」、「え」、「お」と言わせている光景を目にしたことがあります。でもこのお母さんをとがめることはできません。私たちが学校で学んだ頃、子どものことばの発達、発音の発達など学校の授業でそれ程取り上げられていたとは思いません。我々よりもずっと若い先ほどあげたお母さん方が、もし学校で子どもの言葉の発達のことを学んでいたとしたら、上述したような言葉の刺激をお子さんにはしないでしょう。

　推測の域から出ないですが、おそらく若い夫婦の家庭で子どもの言葉の発達が話題になり、育児書などを紐解くのは、妊娠した場合とか、お子さんが生まれて喃語(なんご)などのお話をするようになってからだと思います。それで遅いわけではありません。おおよそで結構ですから、子どもはどのように言葉の発達をしていくのか、わかるようになってから話すのだとか、幼児期後期にはかなり複雑な内容の話ができるようになるのだとか、複雑なお話ができるためには、助詞と言われる言葉（〜が、〜を、〜の　など）が日本語では大切なのだとか、構音（発音）の面では、サ行の方がパ行より後から発音ができるようになっていく（発音にもおおよその発達の順序がある）のだとか、おおざっぱで結構ですから、言葉の発達に関する知識を持ってほしいと思います。子どもの発達に関する教科書、育児書には何歳までにこんなことができるようになど、この本の 11 ページにも示した表のようなものをよく見かけますが、これらの発達の枠内にご自分のお子さんが入っているか否かが大切なのではなく、遅れていて

もおおよそこのように発達していくのだという知識を得ることが大切です。ただ、場面とか状況とかでお子さんが判断して動いているような印象を持ったら、医療機関へ相談に行ってほしいのです。多くの地域の病院には、言語聴覚士（ST）という職種がリハビリテーション科や耳鼻咽喉科におりますので、受診して下さい。せっかく1歳半健診で保健所にかかったのに、「もう少し様子を見ましょう」と言われ、結局2歳過ぎて来院する方が多いのです。せっかく新生児聴覚スクリーニング検査で難聴が疑われ、精密検査機関に辿り着いたものの、補聴器を装用してもらっただけで、半年ぐらい経過してからようやく我々の施設に紹介されてくる場合もあります。我々言語聴覚障害の言語指導を扱う専門職種としては、2歳よりも1歳、1歳よりも0歳での受診をお薦めしたいのです。0歳でも言語聴覚障害児にして差し上げることはたくさんあります。

　なぜ訓練参加が遅れると困る事になるかと言いますと、まず耳の聴こえの問題でお子さんの言葉の発達が遅い場合には、2歳代頃まで（聴覚障害）知らないで育てられていると、二次障害が生じます（後述します）。

　生まれたばかりの子どもはすぐに言葉を話すことも理解することもできませんが、周りの大人の適切な語りかけの環境があってはじめて、言葉を聞いて理解する力と自分で言葉を話す力を獲得していきます。

　言葉の発達には個人差がありますが、言葉の獲得過程として、いつ頃話し出すのか、文になるのはいつ頃かを知ってほしいのです。また、言葉だけでなく、子どもの発達全般について理解しておくことが必要です。言葉の発達を心配されている方は、まず親が発した言葉を生活の中の状況判断で理解しているのか、それともそういう周りのヒントがなくてもわかっているかをご確認下さい。状況判断というのは、例えば、「出かけるよ」というと、子どもは玄関の方を見たり、そっちの方へ行くから、「出かけるよ」という言葉の意味がわかっているという方がいますが、親が「出かけるよ」と言いながら、お出かけバッグを持ったり、車の鍵を持ったりしているのを見て、子どもが判断している場合です。

以下、この章では健常児の言葉の発達について簡単に述べます。
　生まれたばかりの子どもは泣き声や叫喚音(きゅうかんおん)を出し始めます。生後2、3か月頃になると、喉の奥で「クークー」となるような音（クーイング）から「アーアー」「ウーウー」などの声を発するようになり、生後6か月ごろには「マンマンマン」「バブバブ」のような喃語(なんご)が盛んになります。このような音声に対し、大人が微笑んだり、うなずいたり、声かけをしたり、言語的あるいは非言語的なやりとりを行うことで、コミュニケーションの存在に気づくようになります。その後、目の前にいる相手に自分から声を出して呼びかけたり、興味あるものを指さししたり、あるいは大人の手を引いて要求を達成しようとする（クレーン現象）など、コミュニケーション行動が変化していきます。これは主に言葉が出る前の段階に起こるもので、この時期は言葉を獲得する準備期といえます。このような行動に対して大人が声かけすることで、言葉とその意味内容が結びつけられ、子どもは単語を獲得していくのです。
　先ほど二次障害という言葉を使用したと思いますが、ここまで書いてきた事がらが、0歳代に親子の間で築かれるわけですが、お子さんが難聴であった場合には、親が一生懸命に声かけをしていても子どもには聴こえないことから、親子の間の関係が作られにくいのです。また、中度程度の聴こえの悪さでしたら、親が近づいて大きい声なら聞こえますが、離れて声かけしても入りませんから、この場合にも親子の信頼関係が築きにくくなります。
　1歳以降に言葉はどのように伸びるか、もう少し進めてみましょう。
　1歳頃にはいくつかの単語を聞いて理解できるようになり、喃語(なんご)から「ワンワン」「ブーブー」「マンマ」などの1語文へと言葉が発達してきます。2歳くらいまでには2語文の質問が理解できるようになり、200語以上の言葉がわかるようになります。話し言葉も「ママ、ネンネ」「ワンワン、キタ」のように2語文を話すようになります。
　3歳を過ぎると、「いつ？」「どんな？」「どうして？」などの疑問詞を理解し、物語にも興味を示すようになり、日常生活に関する言葉はほぼ完成します。また、過去や未来に関する表現ができるようになり、大人と会話ができるように

なります。

　4歳半頃には、単語（例：からす）という言葉は「か・ら・す」の3つの音からできていることに気づくようになり（音の分解）、かな文字との対応も可能になり、文字を綴ることができるようになります。またこの時期には比喩など文字通りでない意味を理解できるようになります。

　表1にことばの発達の概要を示しました。

表1　ことばの発達の概要

年齢	表出	理解
0歳前半 　　後半	泣き声以外の発声 喃語 身近な人の声の調子や言葉の模倣	声や音に反応 ことばや音のききわけ 単語の理解
1歳前半 　　後半	始語期 語彙数1～3語 語彙数15～20語、2語文 代名詞	物の機能の理解 絵本を見て指さし 簡単な言いつけの理解 絵本を読んでもらいたがる 身体名称の理解
2歳～	ことばの急増期 さかんにまねをする 語彙数200～400語　3語文以上 自分の姓名 「何？」「誰？」「どこ？」 形容詞、助詞の一部	上・中・下 大きい・小さい 長い・短い 色名の理解 2つの指示の理解
3歳～	語彙数600～1000語　接続詞 ままごと、電話ごっこ 過去、現在、未来を表す語 日常会話の成立	数の概念（3まで） 自分の性別 絵本やテレビの物語に興味
4歳～	語彙数1700語　5～6語文 脈絡のある話ができる 両親の姓名・住所 短文の復唱	数の概念（5まで） 前・後　左・右 簡単な反対類推 上位概念の理解 曜日
5歳～	語彙数2000語 考えていること・経験したことを話す 相手や話題に合わせる しりとり、なぞなぞ	抽象語の理解 助詞・助動詞など文法の理解 数字やひらがなに興味

小寺、能登谷など文献より改変

発音（構音）の発達

　喃語が盛んになるころより、食事においても欲求に応じて、吐き出したり飲み込んだりなど摂食運動が発達し、唇や舌を意図的に動かせるようになってきます。その発達に伴い、喃語の中の母音主体の発声を経て、半母音［ワ、ヤ、ユ、ヨ］、口唇音［パ行、バ行、マ行］が分離し、その後、舌を巧みに使う子音を獲得していきます。子どもの発音が安定するまでの過程には個人差がありますが、ほぼ4歳を過ぎると発音は比較的安定するようになります。すべての子音が完成するのは6、7歳ごろになります。おおざっぱに言いますと、パ行、マ行、バ行の獲得が早く、次にカ行、それからサ行となり、ラ行、ザ行は就学頃でもまだ十分ではない子もいます。

　表2に日本語の子音のおおよその発達を示しました。

　構音は子どもの年齢で見るのではなく、子どもの全体的な発達や言語発達とのバランスで考えることも必要です。

表2. おおよその構音（発音）の完成時期

3歳頃まで	母音　パ行　バ行　マ行　ヤ行 タ行（ツを除く）　ダ行（ヅを除く）
3歳代	カ行　ガ行
4歳代	ワ　ナ行　ハ行
5歳代	サ行
6歳代	ザ行　ラ行　ツ

第二章

子どものことばの発達を阻害する要因

第一章で学んだおおよその言葉の発達を見て、わが子が年齢相応の所に達していなくて心配になったら、お近くの医療機関の言語聴覚士にご相談下さい。言葉の発達以外に、言葉の問題の種類を表3に示しましたが、以下もう少し詳しく解説します。

　また、言葉の発達に影響を与えるものとして表4に示しましたが、1つ覚えておいていただきたいのは、多くの場合原因は1つではないということです。例えば、Down症（ダウン症）と診断されたお子さんのお母さんと、保健所の0歳児聴力検査の場でお会いしたことがあります。そのお母さんは、ダウン症

表3. 子どもの言葉の問題

・言葉の発達の遅れ	― 単語が増えない、質問に答えられない　文にならない　一方的に話すだけ
・構音（発音）が悪い	― 不明瞭で何を言っているかわからない
・吃音（きつおん）がある	― ことばがつまって出にくい
・声が悪い	― 鼻にかかる　声がこもる

表4. ことばの遅れをきたす原因

○ 子ども側に原因がある場合
　・聞こえの問題
　　　　難聴
　・大脳の成熟や機能構築の問題
　　　　精神遅滞（知能障害）
　　　　発達障害（広汎性発達障害、自閉症、ADHD、学習障害など）
　　　　吃音
　・後天性の脳障害
　　　　小児失語症
　・発声発語器官の構造や運動の問題
　　　　口蓋裂　など
　　　　脳性まひ

○ 親側に問題がある場合
　・親の育児能力不足
　　　　虐待
　・言語刺激不足や不適切な刺激

第二章　子どものことばの発達を阻害する要因

と診断されたことで、この子は何もできないと、思いこんでしまわれていました。たしかに、ダウン症は知的障害を合併するのですが、こうして親がわが子の障害を知ってしまったために、そのショックから立ち上がれず、結局日々の声かけ、お子さんをあやすことも減ってしまい、全体的に言葉の刺激が不足してしまう、こういうことを先にも述べた二次障害と言いますが、こちらの方も大きな問題なのです。したがって、この章で言いたいことは、子ども自身に何らかの問題がある場合や、周囲の環境に問題がある場合もあり、原因はどちらか1つではないことの方が多いです。子ども自身の問題を大人がその障害を取り除くことはできませんが、例えばダウン症であれば、耳の病気になりやすいので、耳鼻咽喉科で頻繁に診てもらうことや、聴力検査をしてもらって、どちらの耳が良く聴こえるのか、どの程度の大きさでの声かけが必要なのかを親が知ることなのです。親がそうすることで、子どもにはいつも適切な大きさで言葉刺激がされていき、二次障害を防止することができるのです。どんなに重い障害を抱えて生まれてきても親としてやってあげられることは多いのです。

　そういう時のお手伝いをするのが言語聴覚士という職種です。

　言葉を表出する器官として、声帯の他に人間は口腔周辺器官（口、舌など）を用いています。これは決して発話固有の器官ではないのです。簡単に言いますと借りものなのです。歯や舌は本来ならば食べ物を咀嚼する器官です。咽頭は本来なら、気道確保に重要な場所です。それらの場所を利用して我々は話をしているのです。鼻は匂いを嗅ぐ、吸い込んだ空気を湿らせて咽頭に直接冷たい空気がいかないように防護している場所です。したがって、生まれつき（または後天的に）食べたり、飲んだりした時に食べ物がうまく飲み込めなかったり、鼻から逆流したりすることがみられる場合には、発語にも影響を及ぼすわけです。一番良く知られているのは、口蓋裂（鼻と口腔の境をしているところが割れている状態）による鼻咽腔閉鎖機能不全で、チョコレートなどが鼻からちょろちょろ出てきたり、脳性まひでうまく食べたものを喉に送り込めなかったりする場合です。

言語発達遅滞

【難聴/聴覚障害（耳の聞こえが悪い）】

　難聴とは、音に対する反応が全体的に低下し、そのため相手の話がよく聞きとれず、話しことば（音声言語）が入ってくる耳からの理解が困難な状態をいいます。子どもは周りの人が話すことばを耳から聞いて覚えていくため、生まれつきはもちろん成長の途中で耳の問題があれば、ことばの発達に影響が出てきます。大人は急に聞こえが悪くなった場合でも、ことばを一旦脳内に獲得しているため、発音に影響が出るには相当長い時間がかかりますが、子どもの場合は発達の途上にあり、ことばの獲得に与える影響は大きいです。

　難聴は、先天性の発症（生まれつき聞こえにくい）によるものと、後天性の発症（成長の過程のどこかで聞こえにくくなること）によるもので症状は異なります。

　先天性の発症による場合は、ワーデンブルグ症候群やトリッチャー・コリンズ症候群などにみられるような遺伝性（家族性）のもの、母親が妊娠初期に風疹などのウイルス感染したことが原因になるもの、未熟児や分娩時の低酸素障害などのリスクファクターが原因としてあげられます。症状としては話しことばも含めていろいろな音が感じとれない程度（重度・高度難聴）から、感じとれても小さく聞こえる程度の軽度難聴や、耳の近くで大きめの声で話しかければ聞こえる程度（中度難聴）まで、症状は聞こえにくさの程度によって異なりますが、先天性の場合に共通しているのは音の意味を理解することが最初から難しく、理解できてもかなり限られた音に偏るということです。したがって、ことばの発達への影響は、聞こえの程度がいずれであっても大きくなります。

　後天性の発症による場合は、髄膜炎や流行性耳下腺炎などの感染によるもの、別の疾患のための薬の投与による薬物中毒によるもの、頭部外傷が原因としてあげられます。症状は先天性と異なり、今まで聞こえていた音が急に聞こえなくなる（突発性難聴等）、または徐々に聞こえにくくなったり、聞こえにくい状態が続く（滲出性中耳炎等）ことにより、ことば数（語彙）の減少や発

音のくずれ、また名前を呼んでもふり向かない、聞き返しが多くなった、声が大きくなったなど日常生活の行動の変化が比較的早い時期から目立ちます。3〜4歳で聞こえが無くなると、急速に発音のくずれとして現れますが、小学校高学年になると会話が減ってきたり、話すことを避けるようになったりと行動面に現れることが多いです。後天性の場合も同様、前述した症状を早期に発見し、聴力検査に精通した専門のSTがいる耳鼻咽喉科を受診し、ことばの獲得への影響について説明を受け、定期的な相談と指導を継続して受けていくことが重要です。

【精神発達遅滞】

一般的には知能の問題といわれ、ものおぼえ（記憶）や認知能力に問題があった場合のことを言い、ことばの発達が遅れます。精神発達遅滞の合併する主な疾患としてダウン症候群、脳性まひ、ウイリアムズ症候群などがあげられます。また精神発達遅滞に注意欠陥多動性障害（ADHD）にみられるような行動上の問題を伴うこともあります。知能の遅れはことばの発達以外にも行動面や社会性、基本的な生活能力（食事・排泄・着衣）の遅れに影響します。ことばの発達の面では知能の程度により、話しことばを獲得できないものから会話が可能なものまで個人差があります。ことばの発達と知能は必ずしも常に関係するとは限りません。基本的な生活能力が獲得できているからといって、知恵の遅れがないとはいいきれません。

発達障害（自閉症）

自閉症は対人関係の障害であるため、コミュニケーションの相手としての人の存在やことばそのものへの関心が不十分です。そのため人と視線を合わせること、指さし、模倣動作など乳児期に獲得される機能が未熟な状態が続く場合が多く、ことばの発達に重要とされる象徴機能の獲得も遅れます。具体的にはオウム返し、人称の逆転、疑問文による要求、会話の成立が困難といった症状

が改善しにくい点において、言語発達遅滞児とは異なります。話し方は抑揚のない一本調子で、話の間合いがとりにくいため唐突に話し始める、一方的に話し、やりとりが発展しない、声の大きさのコントロールが苦手といった特徴を持つことも多いです。理解面では抽象的な思考が苦手なため、パターン的な理解やことば通りや書かれた文字通りの理解にとどまり、比喩表現やことばの省略を読み取るといった応用が効かないことがあります。そのため、年齢が進んでも空想や想像と現実の違いがわかりにくいため、1対1のやり取り以上に集団でのコミュニケーションが難しくなります。このように自閉症は、ことばのもつ機能面の障害ともいえるため、子どもの発達にあわせた、わかりやすい方法でことばの使い方を教えていくことが大切です。

小児失語症

　正常な言語発達が見られていた小児期（通常15歳ごろまで）の間に生じた大脳の言語野の障害（脳出血・脳塞栓・脳挫傷・脳炎・脳腫瘍等によって生じた大脳皮質の局部的な損傷)によってもたらされた言語機能(聴く、話す、読む、書く)の障害を、後天性小児失語症（以下小児失語症）といいます。小児失語症は他の言語発達障害よりまれな障害であり、子どもの言語障害のなかでも4〜7％を占めるにすぎないといわれています。症状の特徴として①理解に比べて表出面に障害が現れる運動性失語症と、②話しことばは比較的保たれているが相手のことばを理解することが難しい感覚性失語症とに大きく別れます。子どもの脳は発達途上であること、可塑性に富んでいることから、脳が障害をうけると初期にはダメージが目立ちますが、回復していきます。しかし、小児失語症は成人の失語症に比べて予後が良好であるといわれてきましたが、小児の神経心理学的検査を用いることによって、認知発達を長期的に検討する必要性が指摘されています。小児の脳の機能や可塑性についてはまだ明らかにされていないことが多くあります。大切なこととして、個々の子どもの能力を定期的に評価し、それに応じた指導を長期的に継続すること、長期にわたる教育・相

談・指導には家族がキーパーソンとなり医師・言語聴覚士（ST）・臨床心理士・教師・学校カウンセラーなどを含めたチーム・アプローチを受けることが重要です。

構音障害（発音の問題）

【器質性構音障害】

構音器官（主なものに口唇、口蓋、顎、舌）の形態や構造に異常があると、構音障害を生じます。一番良く知られているのは、口唇・口蓋裂（鼻と口腔の境である口蓋や口唇が割れている状態）です。

口蓋は妊娠9週前後に形成される口腔器官です。この時期になんらかの原因によって口蓋が形成不全であった場合、先天性の奇形をもって生まれてきます。口唇・口蓋裂の赤ちゃんは、生後まもなく授乳がうまくいかない（鼻からお乳がもれる）ため、手術が受けられる1歳前後までは特別な哺乳瓶等を使って哺乳します。

お話を始めるようになって、鼻に抜けた音（開鼻声）になるので、発音がおかしいということで発見されるお子さん（この場合は外見上わかりにくい軟口蓋裂や粘膜下口唇裂、口蓋短小症）もあります。

口蓋裂は手術が適期に行われ、鼻咽腔閉鎖機能が良好な状態になれば、正常な発音の発達が獲得できます。気をつけていただきたいのは、滲出性中耳炎を起こしやすいことです。日常生活で聞き返しが多くなる、耳鼻疾患が気になるときは耳鼻咽喉科の受診を心がけてください。

【運動性構音障害―脳性まひ】

脳性まひとは「受胎から新生児（生後4週間以内）までの間に生じた脳の非進行性病変に基づく永続的な、しかし変化しうる運動および姿勢の異常です。その症状は満2歳までに発現します。進行性疾患や一過性運動障害または将来正常化するであろうと思われる運動発達遅滞は除外する」とわが国（厚

生省脳性麻痺研究班:1968)では定義されています。新生児仮死、重症新生児黄疸、低体重児が3大原因とされ分娩周産期の異常が最も多いとされます。その他、出生前は妊娠中毒症、風疹およびトキソプラズマ症候群のような感染症が、出生後は脳炎、髄膜炎、頭部外傷が原因となります。

　症状は脳の損傷される部位に応じて異なり、けい直型（筋緊張の亢進）、アテトーゼ型（不随意運動を示し感音難聴を伴うことも少なくない）、失調型、固縮型、混合型に分類されます。

　脳性まひ児のことばの問題は、発声障害（呼吸のコントロールがうまくいかない）、構音障害（口唇、舌、下顎などの口腔器官の協調運動が難しい）、言語発達遅滞（精神発達遅滞によるもの・難聴によるもの・運動制限による環境によるもの）と多岐にわたり、さらに重複して現れます。特に乳児期ではプレスピーチといって話す前の段階である食べる機能の障害として現れます。

【機能性構音障害】

　多くの幼児は構音獲得の途上にあり、いきなりきれいな発音で話すわけではありません。第一章で示したように、発音（構音）の発達にはおおよその順番があり、構音が比較的やさしいものから難しいものへと習得されていきます。たとえば、言葉の発達がほぼ順調であって、3歳のお子さんが「さかな」を「ちゃかな」と言っていても障害とは判定しません。一方で、5歳を過ぎたお子さんが同様の症状を示している場合には、専門家にご相談下さい。まず、耳の聞こえを調べます。医療機関で調べてもらったら、聴こえているから大丈夫とそのままにしている方がいますが、お子さんの発音を遅らせる原因にはいろいろありますので、お近くの病院の言語聴覚士にご相談ください。

吃音

　吃音（どもる）とは、言いたいことが頭の中にあるのに話ことばとしてスムーズにでることが難しく「繰り返し」「引き延ばし」「つまる」などの状態が慢

性的に続く症状をいいます。ことばを思い出せず中断したり、言い直したりする頻度がまれな場合は吃音に含みません。吃音の発症時期は2〜4歳が最も多く、発生率は国や人種を問わず人口の1％前後とされています。男女比は3〜10対1で低年齢の時期は性別の差は少ないようです。

　原因については、大脳の機能が未分化である（器質説）、神経症的な症状である（神経症説）、どもるという不安が条件づけられて悪化する（学習説）などがあげられますが、明確にされておらず単独な原因で発症するものではないという説もあります。大人の吃音に対し、子どもの吃音の場合に大切なことは言語環境の整備にあります。吃音が発症しやすい2〜4歳という年齢はことばが急速に発達する時期であることから、ことばを覚えるため同じ語句や文を何度も繰り返して言ったり、思いどおりにことばが出せずに口ごもったりします。親はわが子の興味関心や発達行動レベルを考慮し、子どもの気持ちや話の中身を理解し受容することが重要になります。親が求めていることばを話すように誘導したり、子どもの発話に対して明瞭に言うことを指示したり、何度も繰り返して言わせたりするような間違った対応は、子どもの発話に対する緊張や混乱、情緒的な圧迫により話す意欲を損なうことにつながり、吃音の促進要因となります。ですから、日常生活の中で子どもの話す量が減ってきたり、話すことを避けようとしたり、吃音以外の気がかりな身体症状（話す時にチック症状を伴うなど）が出ているなど、子どものソフトサインに早く気づくことも大切なのです。

　子どもの吃音に気づいたら、いつから始まったのか、どんな時にどもるのか、どんな症状なのか（ことばやことばを作る音を繰り返す・語を引き延ばす・ことばにつまるなど）、子どもの発話頻度は変わらず、どもっていても平気で話すのか、発話頻度が減り、子ども自身が気にしているのかなど、できるだけ詳細に記録し、専門家にご相談ください。

　吃音の始まりと症状は子どもによって異なり、その経過も一様ではありません。経過が長引く子どもには、年齢や症状に合わせた対応や治療が異なるので、継続した相談が必要となります。

耳の軽度の聴こえの問題が影響したための構音障害か？

　以下に述べますのは、まだ世界的にその原因との因果関係が明らかになったものではありませんが、先に述べてきたような従来通りのお子さんの構音障害としては分けにくいちょっと変わった発音の誤りをしているお子さんも結構いらっしゃることに気づき、我々がまとめたものの一部です（表5-2）。

　発音が悪いなどの主訴で我々の施設を受診したお子さんの中に特徴的な構音の誤りをしていることに気づき、音の誤りを分析して、耳鼻科疾患、聴力との関連を検討しました。対象児は、初診時2歳6か月から5歳1か月までの7人の幼児です（表5）。

　これらの7人のお子さんは滲出性中耳炎や鼻閉、鼻漏をくりかえしており、耳鼻科初診時にも、このような所見が確認されています（表5-2）。次に言語外来初診時の両耳聴もしくは良聴耳の聴力と指導経過中に確認された聴力が変動していました。滲出性中耳炎や副鼻腔炎のくりかえしにより低音障害型（低い周波数のところが他の周波数の所より聞こえにくい）の聴力低下を示しており、しかも聴力変動が見られます。この7人ともに軽度から中度の言語発達遅滞があり、構音の誤りは母音および後続母音（アンパンマン→ボンパンらしい音、みかん→もけ　のような音）の置換（ある音が別の音に入れ替わること）が目立ち、いわゆる一般に見られる幼児語（赤ちゃんことば）ではないので、お母さんもお子さんが何を話しているのかわからない、中には「うちの子は宇宙語みたいな言葉を話すのですが」と言って、来科される方もいます。

　このようなお子さんの中には、3歳以降に構音を習得していくとされる「す」、「し」などの音は発達途上に見られる正常な誤りを呈するか（幼児語）もしくは正常な構音が可能でしたから、前章で説明したような発語器官の動きや形に問題がないと考えています。

　これらのお子さんの音の誤りは、乳幼児期の早期に覚える母音（あいうえお）や口唇音（ぱ、ば、ま）などに目立っていました。お子さんが滲出性中耳炎や

第二章　子どものことばの発達を阻害する要因　23

小児副鼻腔炎を繰り返していると、低音域の閾値上昇（低音が聞きにくい）を呈し、2歳前半までに獲得される発音である母音や有声子音（ば、だ、ま行）の学習を妨げるのではないかと考えています。つまり、聴こえが悪くなる原因となる滲出性中耳炎や鼻閉、鼻漏が、構音障害に関与していると考えています。ようするに、聞き誤って覚えた発音ではないかということです。

表5. 対象の内訳

症例	年齢	性別	主訴
1	3歳0か月	男	発音が悪い、言葉の遅れ
2	5歳1か月	男	発音が悪い、言語理解が悪い
3	2歳6か月	男	発音が悪い
4	4歳4か月	男	言語理解が悪い、同年代の子と会話にならない
5	4歳1か月	男	発音が悪い、言葉の遅れ
6	3歳9か月	男	発音が悪い、言葉の遅れ
7	2歳9か月	男	発音が悪い、言葉の遅れ

表5-2. 7例の経過

症例	既往歴	初診時耳鼻科的所見	治療方針
1	1歳半より、滲出性中耳炎を繰り返す	両耳滲出性中耳炎	かかりつけ医での治療継続　当院での聴力検査・言語指導
2	幼少期より鼻閉、鼻漏　アレルギー性鼻炎	アレルギー性鼻炎による鼻内粘膜の著しい腫脹	当院での投薬治療、経過観察、その後、聴力検査・言語指導
3	1歳半より、急性中耳炎を繰り返す	右耳滲出性中耳炎　副鼻腔炎、膿性鼻漏	かかりつけ医での治療継続　当院での聴力検査・言語指導
4	滲出性中耳炎、急性中耳炎、副鼻腔炎を繰り返す	左鼓室　滲出液（＋）鼻漏	かかりつけ医での治療継続　当院での聴力検査・言語指導
5	2歳頃から中耳炎を繰り返す	左鼓膜前方に陥凹、肉芽、耳漏、右鼓膜内陥	当院、およびかかりつけ医での治療、経過観察　当院での聴力検査・言語指導
6	3歳頃、中耳炎を指摘される	粘性鼻漏（＋＋）	かかりつけ医での治療継続　当院での聴力検査・言語指導
7	2歳半頃、中耳炎を指摘される	粘性鼻漏（＋＋）	当院での治療、経過観察、聴力検査・言語指導

第三章

言語障害児の
言語聴覚療法の実践例

この章では、典型的な症例ではありませんが、我々現場の言語聴覚士が担当させていただいた言語聴覚障害児について、実際の例を提示して、我々が臨床活動で何をしているのかを知っていただきたいと思います。第二章で紹介しました障害が合併している場合も稀ではありませんから、そのような場合には、どちらについてまず対応するかを考えるのです。例えば中度知的障害と高度難聴、口蓋裂を合併していたお子さんを担当したことがあります。このお子さんは障害だけでも3つも抱えており、それだけでも大変ですが、このご家庭には他に兄弟が2人いてお母さんはこのお子さんだけに関わっていられません。私達の施設に初めて見えたのは1歳過ぎでしたから、すでに1回目の口蓋裂の手術後でした。まず、言葉の刺激が入るようにしなければなりませんので、補聴器（後に人工内耳）を装用してジェスチャーや言葉かけを多くして刺激が入るようにしました。それから、重複障害によって気持ちも落ち込んでいる親御さんをサポートするために、患者さんの会にお誘いしたりしました。以下、さまざまな例を提示して、それぞれの症例で気をつけた点、関連職種へのお願いなどについてもまとめましたので、参考にして下さい（表6）。

表6. 言語聴覚療法の実践例

1．身体の運動と精神発達と言葉発達に遅れのあるお子さん
2．脳性麻痺と精神発達遅滞と難聴があるお子さん
3．身体の運動の遅れと精神発達遅滞と難聴のあるお子さん
4．自閉症と注意欠陥多動性障害（ADHD）と診断された軽度難聴があるお子さん
5．軽度の知的障害と広汎性発達障害のお子さん
6．発音に障害があるお子さん
7．吃音のお子さん
8．小学校3年生で初めて難聴と診断されたお子さん
9．交通事故により、記憶することや注意の集中が難しくなったお子さん

第三章　言葉の問題を持つお子さんに対する言語聴覚療法の実践例　27

1．身体の運動と精神発達と言葉発達に遅れのあるお子さん

　身体の運動と精神発達と言葉の発達に遅れを持つお子さんのお母さんが、家庭での言葉の教え方がわからないと心配し、お子さんが5歳10か月の時に初めて、言語外来に相談に来られました。

　甲状腺や心臓の問題もあり、他の病院にはずっと通っていましたが、言語指導を受けたことは一度もなかったそうです。

　外来では、ことばの遅れと最も関係がある聞こえをまずチェックさせていただきました。

聴こえの検査

　　小さい音も聞こえていたので（聴力検査：20デシベル以下）、言葉の遅れの原因は難聴によるものではないではないことがわかりました。

はじめての外来での様子

　　担当者と子どもの会話場面では、突然しゃべり出し、話を遮らないと止まらないほど、たくさんしゃべり続けます。自分勝手にしゃべるので、簡単な質問に答えることも難しい状態でした。おしゃべりの中で、使うことができる助詞は「の」「と」「も」「に」など（2歳代前半に使用開始となる助詞）ですが、全部が、正しく使えているわけではありませんでした（使い誤りがありました）。子ども自身のおしゃべりは、主に2語文（「私のかばん」「ママも行く」など）でしたが、STの言葉のまね（復唱）なら、3語文までできました。

発音

　　唇を使って出す音（ぱ行、ば行、ま行など）に間違いが多く、何について話しているか聞き手がわかっている時なら、だいたい何と言ったかわかる程度（会話明瞭度3）でした。

人懐っこく、初対面のSTにも、馴れ馴れしく話しかけますが、行動には落ち着きがなくずっと座っていることは難しい状態でした。

この時に行なった検査

単語（簡単な物の名前）を聞いて理解する力が3歳2か月でした（絵画語彙検査）。大小や4色程度の色がわかりました。

知能検査（WPPSI）では、言葉による検査でも、動作による検査でも45以下（平均は100です）で低下していましたが、細かい部分にも注目できたり、迷路は得意であったりすることが検査からわかりました。

言語指導

子どもの発達のレベルにあわせて、得意な言葉のまね（復唱）の力を利用しながら、正しい言葉のやり取りを目指すことにしました。家族で伝言ゲームをして、正しいモデルでのやり取りを繰り返しました。正しい2～3語文の獲得をめざして訓練用文章カードでまねゲーム（復唱課題）を取り入れました。

家での子どものおしゃべり内容は、お母さんに記録を取ってもらい、使えるようになってきた言葉を次の課題に利用し、ことばの定着を目指しました。

経過

1年後（6歳10か月）：自発話は5語文になり、助詞は「が」「から（理由）」「は」「で」（2歳代に使用開始となるもの）、「ても」「とか」（3歳代に使用開始となるもの）が増えました。まだ、間違った使用もありましたが、内容が伝わることが多くなりました。

保育園であったことをお母さんに伝えられるようになり、やりとりが成立する場面が増えました。

童謡は長く歌えるようになり、メロディを聞いて、歌える曲が10曲程

度あります。
　絵画では簡単な図形が描けるようになり、特徴がわかるような描き方ができるようになりました。
　ひらがな文字を読んだり書いたりできるようになりました。

保育園との連携
　訓練や検査は毎回お母さんも一緒に見ていてもらいました。また、お母さんから、保育園のお話を聞き、同時に、指導内容については保育園に伝えていただくようにお願いしました。

気をつけて行なった点
　自宅での子どもの発話内容をできるだけたくさん正確に書いてきて頂くようにお願いし、それを利用して行なう際の指導が具体的に母親にわかるように努めました。

このお子さんから学んだこと
　全般的な遅れを持つお子さんの場合でも、発達のバランスを知ることで、能力の高い部分を有効に利用した言語環境の整備が必要であり、家族が主体的にかかわれるような具体的な指導のために、家族自身で子どもの発達記録をつけることの大切さを伝えることの重要性を学びました。

２．脳性まひと精神発達遅滞と難聴があるお子さん

聴こえの検査
　１歳６か月の時に実施した脳波で測る聴力検査（聴性脳幹反応検査、ABR）で、重度の難聴（95デシベル）が見つかったので、補聴器を付けて言語指導を開始しました。

発達検査

発達指数（遠城寺式乳幼児分析的発達診断検査）が25で、全般的な遅れがありました。

言語指導

補聴器の調整をして、言葉の獲得を目指しましたが、なかなか効果が表れなかったので、3歳5か月から補聴器からだけではなくジェスチャーと文字を使った指導方法に変更しました。

声かけは、ジェスチャー（親子で伝わる簡単なサイン）と文字付の写真を見せて行い、理解を促しました。子どもが言いたいことは、ジェスチャーや文字付の写真や実物を指差すことができるようになってきました。

子どもが興味を持っていること（アンパンマンや電車）を生活の中に取り込み、できるだけ多くのやりとり場面を設定して、コミュニケーションの楽しさを伝え、言語のやりとりを重ねました。

親子のコミュニケーションをさらに深めるために、日常生活の中で困っている状況を詳しく記録して頂くこととし、使うことによってコミュニケーションが改善できるような単語を優先的に指導しました。

経過

ゆっくりですが、確実にコミュニケーションはとれるようになり、5歳6か月時の見てわかる単語は、小さい時に多かったジェスチャーより文字付写真が多くなり、132語わかるようになりました。文字だけでも85語わかるものがあり、2語文の獲得へのステップとなりました。子どもが言いたいことは、自ら単語の文字カードを指して、欲しいものを要求するようになりました。

6歳6か月時には、助詞（の、が、を、で、へ、と、は）を含んだ2語文の短文カード（「おじいちゃんの家」、「チョコレートを食べる」など）を指し、要求を伝えることができるようになりました。

第三章 言葉の問題を持つお子さんに対する言語聴覚療法の実践例　　31

　7歳6か月より持ち運びに便利なコミュニケーションブックを作り、使用できるようになりました。ブックはA4サイズ1ページに8～10枚の文字カード（単語）か文字付写真を入れたファイルで、場所のページや物のページなど、日常コミュニケーションに必要なものを仲間ごとで1ページにしたものです。

ブックの使用法
　お店でアイスを買ってほしい時には、場所ページから「お店」を指し、食べ物ページから「アイス」を指すことで意思を伝えます。8歳8か月よりブックを学校や外出時にも自発的に持ち歩くようになり、家族以外の人とのコミュニケーションにも幅広く活用できるようになりました。

幼稚園・特別支援学校との関係

お母さんを通して情報交換をしました。小学校は養護学校に就学しました。就学以降小学部の担任の先生が、お母さんとともにSTの訓練・指導を年に2回程度見学されました。

気をつけて行なった点

日常生活での親子のコミュニケーションをより深めるための単語を優先的に選ぶために、困った状況を詳細に記録して頂くことをお願いしました。現在は、自分の要求（食事・行き先・遊び）表出には困らないレベルにコミュニケーションブックが使えているため、御両親は今後の子どもの自立に必要な言葉を使用する練習をはじめています。

このお子さんから学んだこと

脳性まひ、重度の精神遅滞、高度難聴の重複障害のお子さんですが、その子の最大限の能力を引き出し、人とのコミュニケーションへと具体化するためには、母親だけではなく他の家族の理解と協力がとても重要でした。話しことばが獲得できなくても、文字を使って自分の要求や意思を家族以外の人へも伝えることが社会性の発達につながっていることを学びました。

3．身体の運動の遅れと精神発達遅滞と難聴のあるお子さん

身体の運動の遅れのために、他の施設で1歳から継続的に作業療法の訓練を受けていましたが、聴こえと言語発達の問題のために言語外来に相談に来られました。

聴こえの検査

1歳8か月の時に実施した脳波で測る聴力検査（聴性脳幹反応検査、

ABR）で、中度の難聴（65 デシベル）が見つかったので、補聴器を付けて言語指導を開始しました。

耳鼻咽喉科での治療

　このお子さんは、指導開始後も鼻がつまったり、中耳炎になったりを繰り返したので、聴こえの状態（聴力）が不安定であったため、耳鼻咽喉科での治療は継続して必要でした。

少し大きくなってからの検査結果

　知能検査では、45 以下（平均は 100 です）で低下していました（WPPSI）。発達検査（新版 K 式発達検査）では発達指数　姿勢・運動 79、認知・適応 72（平均は 100 です）でした。

言語指導

　補聴器の調整をして、耳とジェスチャーと文字を使った指導を開始しました。

　声かけは、口元を見せてはっきり行い、同時にジェスチャー（親子で伝わる簡単なサイン）や文字単語を見せて、理解を促しました。子どもが言いたいことは、ジェスチャーや指差しでできるようになってきました。

　子どもが興味を持っていること（電車や戦隊ヒーローなど）を生活の中に取り込み、できるだけ多くのやりとり場面を設定して、コミュニケーションの楽しさを伝え、言語のやりとりを重ねました。

経過

　訓練を初めて 4 か月経った 2 歳 4 か月頃より理解できるジェスチャーが増え始め、日常生活はジェスチャーを伴った声かけでコミュニケーションが取れるようになってきました。

　1 年経った 3 歳 0 か月の時には、2 語文で、「赤ちゃんとネンネ」を続

けてジェスチャーと声で伝えることができるようになり、3歳3か月には、3語文の「ぶどう、食べる、おいしい」を続けてジェスチャーで伝えられるようになりました。なぞなぞ遊びの中では、ジェスチャーを使って自分で答えを考えられるようになってきました。

2年経った4歳0か月時には、耳で聴いてわかる言葉が400語近く、文字でわかる言葉が200語以上となりジェスチャーでわかる言葉（205語）よりも多くなりました。自分から使える言葉の方は、助詞（と、を、の、が、に、から、まで）を用いた2〜3語文ができるようになりました。4歳9か月には、5語文「ママ、飛行機、うるさい、耳、痛い」を使えるようになりました。

5歳代になり他の施設での作業療法を行う時に、先生からの指示を耳で聞くだけではなく文字でも示すことによって、子どもの理解が良くなり、そのスピードも上がるようになりました。耳から聴こえる不安定な音だけより、目で見て理解できる文字がいろいろな場面で役立ち始めました。

保育園・他訓練施設との連携

毎回の訓練はお母さん同席で行い、お母さんを通して他の施設と情報交換をしました。このお子さんは聴覚を活用できる程度の難聴でしたが、集団場面や作業療法等動きの伴う場面では耳で聴くだけよりも、文字を示すことにより課題理解が良くなり、早くなったことから、各施設の専門家にも指示の際に文字を活用した時の効果をお母さんよりご説明いただきました。

このお子さんから学んだこと

聞こえの問題以外にも精神遅滞、筋緊張低下をもつお子さんですが、最終的には、手話より文字の方が良く理解できるようになったこと、話しことばより文字で提示された方が言われたことの理解が良くなったことから、文字を使用する効果と重要性が良くわかりました。精神遅滞があって

も、その子の生まれ持った能力を最大限に引き出し有効に活用できることが大切であることを学びました。

4．自閉症と注意欠陥多動性障害（ADHD）と診断された軽度難聴があるお子さん

　3歳2か月で、自閉症として他県のO小児科から紹介され、相談に来られたお子さんです。

聴こえの検査
　　はじめは音が聴こえた方を振り向くかどうかを確認する方法の検査（COR：conditioned orientation response audiometry）で70～80デシベルと反応は良くありませんでした。少しずつ落ち着いて検査ができるようなってきてからは音が聴こえたらボタンを押す方法の検査（ピープショウ）で低い音が聴こえにくいこと（低音障害型の難聴）がわかりました。

耳鼻咽喉科での治療
　　このお子さんは、生後8か月から滲出性中耳炎を繰り返して、その治療がずっと続いていました。

はじめての外来での様子
　　移動や体の動きなどの運動面には発達の遅れはありませんでしたが、言葉の発達は遅れていました。さらに、落ち着きなく動き回り大声を出していました。

この時期に行った検査
　　親御さんに記入していただく質問による発達検査（津守・稲毛式乳幼児精神発達質問紙）では発達指数は61（平均は100です）で、特に社会性

の項目と言語の項目に遅れが目立っていました。　動きまわっているので、お子さんに直接行う言語検査などはできませんでした。
　　3歳10か月になった時にも、落ち着いて人の話しを聴くことができなかったので、言語検査等はできませんでした。

言語指導の方針
　　お子さんの耳の聴こえが悪かったことをまずご両親にお伝えして、叱るような大きな声ばかりがお子さんの耳に届いていた可能性があること、そのために、お子さんにとって、ご両親が安心できる精神的な基地にはなっていないのではないかと説明しました。とにかく、子どもを受け入れ、近くで少し大きめに話かけるように、そして、何よりも手などを上げない（体罰禁止）ことを指導しました。

両親の様子
　　動き回り大声を出すお子さんをお父さんは叱り、「言ってわからないときは、体でわからせないと…」と話しておられました。お子さんは、その状況が理解できず大声を出していました。しかしながら、両親はお子さんを大切に思っているからこそ、言語聴覚療法の方針を聞き、納得がいくまで質問を続けられました。

お父さんの協力
　　言語聴覚療法の方針に納得されたお父さんは、お母さんがその方針に従って、お子さんとかかわれるように、精神面、生活面においてお母さんを全面的に支えることを決心されました。

言語指導
　　言語指導を開始したときには、2語文が出始めていましたが、多動や衝動性などの行動面の問題が大きかったため、ジェスチャーのやりとりなど

の訓練から開始しました。その後、発話は増えていきましたが、発音は不明瞭でした。

訓練頻度

幼児期は、月2回の個別指導、週1回の集団指導でした。就学後も学校生活の相談、学習の進め方の指導、言語面の評価を年に1～2回行っています（継続中）。

診断

他施設で6歳6か月時ADHDと診断され、服薬処方されました。同施設の作業療法で感覚統合訓練（1回/2週間）を就学前に半年間受けました。

言語指導経過

6歳代で行った単語（簡単な物の名前）を聞いて理解する力が4歳8か月レベルでした（絵画語彙検査）。このときの発音は、サ行がア行（[s]の省略）に、ダ行がラ行になっていました。7歳2か月時の知能検査で（WISC-Ⅲ）は言語による検査では63、動作による検査では85でした（平均は100です）。

8歳9か月で行った単語（簡単な物の名前）を聞いて理解する力は9歳5か月レベルとなりました（絵画語彙検査）。9歳2か月で行った読書力検査では、小学校2年生1学期レベルでした。長文の読み理解に難しさが残っていました。発音の誤りは見られませんでした。

幼児期における保育園との連携

毎回言語指導時には子どもの対応における注意点、言葉かけの方法などお母さんを通して保育園に伝えていただきました。お母さんを通じて情報交換を行いました。

このお子さんから学んだこと

　乳児期から滲出性中耳炎を繰り返していたため、低音障害型の軽度難聴が長期間続いてしまい、発音および言語発達に影響を及ぼした可能性もあると思われます。さらに不完全な聴こえや言葉の獲得の遅れが、乳児の頃からのコミュニケーションに影響し、行動面・情緒面への二次的な問題として現れたのではないかと考えました。その結果、ADHDという診断に至ったのではないかと推測しました。

　自閉症やADHDと診断されていても、長期的に言語を含めた発達支援を行うことで、少しずつ克服できる面も多いことを学びました。その長期的な支援を行うためには、お母さんだけではなく家族全員がお子さんの支援体制に参加することが重要であると考えました。

5．軽度の知的障害と広汎性発達障害のお子さん

　家庭では何も心配していませんでしたが、3歳児健診で言語発達遅滞を指摘されて、3歳5か月の時に言語外来に相談に来られました。その時も、お母さんは特に問題などを感じていらっしゃらないようでした。

聴こえの検査

　3歳5か月で実施した脳波で測る聴力検査（聴性脳幹反応検査、ABR）では、小さい音も聞こえていました（15デシベル）。

生まれた時からの状況

　分娩も正常で、体重は2300g位と、特に問題はありませんでした。つかまり立ちは9か月でできるようになり、1歳で歩きはじめました。
　乳児期は手がかからなかった子で、一人でビデオなどを見させていたそうです。しかし、偏食はあり、現在でも続いているそうです。

第三章　言葉の問題を持つお子さんに対する言語聴覚療法の実践例

はじめての外来での様子

　　担当者と子どもの会話場面では、自分から話すことは少なく、コミュニケーションを取ることを嫌がっているようでした。カードを見て話をしようとしても、カードを投げつけたり、立ってしまったりして、続けられませんでした。大声で泣き叫ぶこともありました。

この時に行った検査

　　実際の年齢（3歳5か月）に比べると精神年齢（2歳8か月）がやや低く、知能も少し低めの78（平均は100です）でした（田中ビネー式知能検査）。
　　自分から話す言葉は、かなり限定した単語で、時に助詞のない2語文（2語連鎖）もありました（1歳6か月～2歳程度）。こちらからの話しかけは、単語で話せば理解ができました。

お母さんの様子

　　子どもの「ママ、ママ」の話しかけに、知らん顔をしたり、「ママは身体が辛いから、話しかけないで」といったりする発話がみられました。お母さん自身からは、「子どもはきらいです。どう、接したらいいかわからないです」との訴えもありました。

家族の協力

　　お母さんは病気がちだったため、お父さんの協力を求めましたが、忙しいということで協力はしてもらえませんでした。

言語指導

　　精神年齢や知的な低下に比べると、自分から話す力に大きな遅れが見られること、および、その原因のひとつと考えられる母親の接し方が問題であると考えられたので、母親指導を行うこととし、並行して、その場に適

したいろいろな言語刺激（動詞や形容詞・関連語のある言葉など）を遊びの中に取り入れて、言葉を増やしていくこととしました。

経過

　はじめ母親は、お子さんの言葉が遅れているとは思っていなかったためか、家ではお子さんの現在の言葉のレベル（1歳6か月〜2歳程度）にあわせた話しかけややり取りができず、難しいことをしようとしてしまいました。しかし、その後、徐々に母親は、話しかけ方やかかわり方を変えていくことができました。それにあわせるように、子どもの表情は落ち着き、穏やかになってきました。

　その頃の、遊びの場面では、動物や食べ物のカードを見て自発的に名前を言い、わからない時には自分から担当者に尋ねるようになり、コミュニケーションをとろうとすることが増えてきました。その中で、これまで観察されていなかった語や文が出現し、語彙数の増加も確認されました。

　机で行う課題でも、興味のあることなら1時間程度座っていられるようになりました。カードの投げ捨てや大声で泣き叫ぶといった行為は全くみられなくなっていました。

その後

　親子とも良い方向に改善されていましたが、お母さんが病気がちのため、通院できなくなりました。その数か月後、お父さんの仕事の関係で、県外への転居が決定したとお母さんから連絡があったため、新転地での言語訓練評価・継続をすすめ、かかわっていた時の評価結果や指導内容を報告書として作成しお渡ししました。

幼稚園との連携

　お母さんを通して、情報交換を行ないました。

気をつけて行なった点

　　お父さんは、多忙で不規則勤務のため協力を望めず、持病をもったお母さんに負担をかけ過ぎないよう注意しました。お母さんの訴えを受け止めながら、子どもとのかかわり方のモデルを示して関係の持ち方を指導するように心がけました。

このお子さんから学んだこと

　　お母さんのかかわり方がよくなってくるにつれて、子どもの表情は変化し、自ら話す言葉の数だけでなく、コミュニケーション態度も大きく変化しました。親子関係が言葉の発達に大きく影響することを改めて認識できました。

6．発音に障害があるお子さん

　保育園に通っている3歳2か月のお子さんで、保育園の健診で発音が悪いとの指摘を受け病院にみえられました。ご飯を食べたり水を飲んだりすることは上手でした。

聴こえの検査

　　耳鼻咽喉科で中耳炎の治療を行っていましたが、中耳炎が治っている間の聴こえには問題はありませんでした。生活の中での聴こえも、「えっ？」という聞き返しなどはなく、ささやき声にも気がつくくらいでした。

はじめての外来での様子

　　担当者との会話では、母親に通訳をしてもらわないと全くわからないほど不明瞭でした。名前でさえ聞き取ることが難しいほどの発音でした。わからない時に、聞き返しをすると黙ってしまいました。

この時期に行なった検査

　　質問による発達検査では、遅れはありませんでした（乳幼児精神発達質問紙）。

　　発音の検査（構音検査）では、カ行が全部タ行になっていました（かめ→ため、ケーキ→テーチなど）、ガ行がダ行かタ行になっていました（がっこう→たっとう、げんかん→でんたん、など）。その他に音の入れ替え（テレビ→テビレ）や省略（はさみ→たみ）、元の音が何かもわからないような歪んだ音になることもありました。いつも同じ音で同じように誤ります。単語のはじめの音でも、最後の音でも、途中の音でも、同じように誤ります。

　　聞き分けの検査では、担当者が、「かめ」を「ため」と発音しても「かめ」と発音しても、その違いがよくわからないようでした。

　　発音するための口や舌の運動検査（発語器官の運動）では、動きに問題はありませんでした。

言語聴覚療法の方針

　　発音の訓練は、「めがね」の中に「め」はありますか？「めがね」の中で「ね」はどこにありますか？ということがわかるようになってからでなければ、聞き分けも難しいのでうまくできません。そのため、発音に誤りはありますが、4歳～4歳6か月ごろまで様子を見ましょうとお伝えしました。

　　お子さんの姉がサ行の発音訓練のために、自宅から約1時間（往復2時間）かけてお母さんが車で通って来られているため、一緒に治してほしいという強い希望がありました。そのため、聞く練習から訓練を開始することとしました。また、発音訓練そのものに進んでも、3歳までに発音できるようになる音だけを訓練することにしました。

訓練頻度

　　姉の構音訓練にあわせて週1回としました。正しい発音ができるよう

第三章　言葉の問題を持つお子さんに対する言語聴覚療法の実践例　43

になってきてからは、2週に1回〜月に1回へと減らすことにしました。

経過

　はじめは、カ行・ガ行の聞き分けの練習を中心にしましたが、発音の誤りに気づくようになったのは、3歳7か月のときでした。それからようやく、発音訓練を始めました。その後は比較的スムーズに正しい発音になりましたので、訓練する音1音→その音を含む単語→その音を多く含んだ短文→歌→質問に答える言葉の中にその音が入るようにして会話（やりとり）をする練習へと進めました。途中で、訓練を嫌がる時期があったので、しばらくお休みにしました。お休みの期間を除くと、自宅での練習も含め6か月間訓練を行ないました。ほぼ発音が安定してきた頃からは病院での訓練頻度を減らし保育園や家庭での発音確認を中心に行いました。最終的には、日常会話の中でも発音の誤りがなくなった時に訓練を終了しました。訓練開始のときから11か月経ていました。

保育園との連携

　保育園での発音の様子に関しては、お母さんを通して情報をいただき、間違えているお子さんの発音に対して、言い直しをさせないでほしいことをお母さんから保育士の先生に伝えていただくようにしました。常に、ご家族を通して情報交換を行ないました。

気をつけて行なった点

　本来ならばまだ発音訓練をする年齢ではないため、お子さんがいやにならないように気をつけました。ご家族には聞き取りに時間がかかる可能性があることを前もって説明してご了解頂きました。
　しかしながら、お子さんは自分の発音の誤りに気づき始めてきたころから、少し嫌がるようになってしまいました。お母さんにお話し、しばらくお休みにして無理しないようにしました。

このお子さんから学んだこと

　　3歳2か月での発音訓練の開始は、やはり無理であったと思います。親御さんのご希望があっても、お子さんに負担がかかるようなことはやめるべきだったと思います。

7．吃音のお子さん

　3歳頃から吃りはじめて、治らない。言葉の最初が吃るので、息苦しく言いにくそうで心配していると言うお母さんと一緒に3歳8か月のお子さんが言語外来にみえました。

聴こえの検査

　　低い音が少し聞きにくいようでした（35デシベル）。

はじめての外来での様子

　　自分からはしゃべらず、もじもじしていました。担当者がお子さんに話しかけてもお母さんが答えてしまいました。ようやくお子さんが話しても、ちょっと吃ってしまうとお母さんが「そっと喋りなさい」と注意されるので、お子さんは話すのをやめてしまいました。

このときに行なった検査

　　単語（簡単な物の名前）を聞いて理解する力が3歳2か月レベルでした（絵画語彙検査）。
　　発達検査では、運動や社会性の一部には遅れはありませんでしたが、聞いてわかる力が3歳0か月、話す面は検査ができませんでした（遠城寺式・乳幼児分析的発達検査表）。
　　社会性の検査では社会成熟年齢が4歳5か月でした（田研式社会成熟

度診断検査）。

　絵をみて名前を言う検査を行ったところ、吃りの症状がたくさん出ました。音の繰り返しや話し始めのつまりなど、いろいろなしゃべりにくさがありました。また、それに加えて、話しにくさを避けるために唇を開閉したり、目を閉じたり瞬きして話し出したり、話し始めに首を前後に動かしたり、手足をふったりする体の動き（随伴症状）も出ていました。その上、赤面や困った表情、視線をそらす、小声になったり、話しをやめたりするようになりました（情緒性反応）。

言語指導の方針
　このお子さんの吃りは、言語発達の遅れに伴う発話時のストレスに加えお母さんの対応にもやや問題（環境面の問題）と考え、お母さんに対しては、吃音症状とは何かの説明をし、吃る子への対応の仕方と吃日記（吃音症状が著しい時は3、症状がないときは0とし、お母さんの主観で記載）をつけるようにお伝えしました。お子さんには、言語発達促進訓練としてことばの理解やものの名前を覚えて言う訓練をしました。

訓練頻度
　1～2週に1回行い、1回の時間は約1時間でした（自由会話約10分、吃音日記約10分、言語促進訓練約30分、環境調整約10分）。

経過
　初めは、段階3だった吃日記が、2か月目には段階1に改善したという記入が増え始めましたが、お母さんからよく聞くと、はずみをつけたり、力を入れたりして話す行動が増えていることがわかりましたので、再度、吃音症状とは何かの説明をし、行動面にも目を向けるようにお伝えしました。しかし、4か月目に段階1になったものの、情緒性反応や随伴症状が増えました。再度、お母さんと何が吃音症状を悪化させているのかについ

て話し合いました。
　言語促進訓練では、好きなものなどから多くのものの名前を覚えること、そして、それを言う訓練をしました。新しいものの名前は覚えることができましたが、その時に出る吃音には大きな変化はありませんでした。しかしながら、二次症状でもある随伴症状や工夫は減っていきました。

保育所との連携
　吃る子への対応の仕方などのお願いをお母さんから保育所へ伝えて頂きました。

このお子さんから学んだこと
　お母さんに対応をかえてもらう（環境面の調整）ことは、なかなか難しく、時間がかかることでした。お母さんに対して、吃音症状の説明や対応の仕方をお話しするときに、吃音患者の会や、吃音の育児本などの紹介を積極的にするべきであったと思います。お子さんとのやり取りにも、ゲーム要素を取り入れる等の工夫を続けながら、楽しくできればと感じました。

8．小学校3年生で初めて難聴と診断されたお子さん

　8歳の小学校3年生のお子さんです。学校の健診で聴こえが悪いと言われ、耳鼻咽喉科で検査を受けたところ、両耳の難聴と言われたため、家族で病院にみえられました。お子さん本人には、聴こえにくいという自覚はなく、小さいころから一度も難聴と言われたこともありませんでした。お父さんも難聴であるとは思ってもいませんでした。

聴こえの検査
　脳波で測る聴力検査（聴性脳幹反応検査、ABR）で、右耳45デシベルまで、左耳40デシベルまで聴こえていることがわかりました。聞こえた

第三章　言葉の問題を持つお子さんに対する言語聴覚療法の実践例　　47

ら、自分でボタンを押して知らせる聴力検査では、左右耳の聞こえは、両方とも普通の高さの音は聴こえるよう（平均で21デシベル）でしたが、高い音で聴こえが悪くなっていました（高音急墜型の難聴）。

耳鼻咽喉科

　　鼓膜には問題なく、中耳炎もなく、両耳の感音性難聴と診断されました。

初めての外来での様子

　　向かい合って行った会話は、普通にできていました。しかし、担当者が口元を隠してささやき声で話すと、聴こえづらくなってしまいました。これを見ていたお父さんは、初めて難聴だと気づいたようです。お子さんの発音には歪みがありました。

言語聴覚療法の方針

　　補聴器（耳かけ型デジタル補聴器RW100）の調整を行い、片耳に補聴器を付けて聴こえの確認をしながら、並行して言語能力の評価をしました。

補聴器をつけての聴こえの確認

　　左耳に補聴器を付けたときの方が言葉の聞き取りがより良くなることがわかりました（語音聴取閾値：右…15デシベル、左…10デシベル、語音明瞭度：右…60デシベルで95％、左…65デシベルで100％）。また、補聴器をしていないときには聴こえなかった、口元を隠してささやき声で行った会話も、やり取りが可能になりました。その後、日常生活で少しずつ補聴器を使う時間を延ばしていき、日常生活でも左耳に装用する方が聞きやすいことが確認できました。

言語能力の確認検査

　　どれくらいの単語を理解しているかの検査では、平均より上（絵画語彙

検査：評価点 14）でしたが、知能検査（WISC）では動作性の指数に比べ言語性の指数が低く出ました。発音の検査では、サ行に歪みがありました。

検査終了後の言語指導

左耳に補聴器を装用してサ行の発音の訓練を開始しました。

聴こえていなかった音が聴こえるようになったため、きれいにサ行が発音できるようになるまでに長くはかかりませんでした。また、継続して聴力検査を行い、聞こえが悪くなっていかないかを確認しました。一定期間後も悪化していないので、その後は期間を延ばして、聴力検査をすることにしました。

学校との連携

お父さんを通じて現状を説明して頂き、学校の教室の席順や補聴器に関する注意点をお伝えしました。

このお子さんから学んだこと

小学校入学健診まで、聞こえに関して特に心配していなかったため、健診で精密検査が必要と言われた時のご両親の動揺は、とても大きなものでした。それでも、お父さんの明るい性格と、補聴器をつけた時の目に見えた効果で、補聴器の装用には抵抗がなくなったようでした。高音だけでも聞こえていないと、どのようになるのかということや、補聴器をつけるとどのように良いのかということを、本人だけでなくご両親にも具体的にわかって頂くことの重要性を感じました。

9．交通事故により、記憶することや注意の集中が難しくなったお子さん（急性硬膜下血腫、外傷性クモ膜下出血による）

　交通事故にあった中学2年生で、事故後、他の病院を経由して当院に入院となりました。これまでに大きな病気はしたことがなかったそうです。

交通事故にあった時の様子

　　自転車で走行中、自動車と衝突し受傷し、他院を経由し、救急車で当院に運ばれました。頭蓋内出血を認め、2週間は人工呼吸器をつけていました。

お母さんの悩み

　　自分でお弁当を作るなどして、姉妹にも優しい子だったのに、性格が変わってしまったことです。もともとは、大人しく慎重で頑張りやの性格であり、友人を大切にする子でしたが、全てにおいて幼く、短気で怒りっぽくなり、我慢ができなくなりました。また、同じことを何度も聞き続けたり、すぐ忘れたりすることが多くなりました。

初めて言語聴覚士が会った時の様子

　　まだベッドにいる状態の時でしたが、言葉のやりとりはでき、簡単な指示には従えるのですが、あまり考えずに「知らんよ」と答えることもありました。

生活上の問題

　　その後も生活上の問題がいろいろ明らかとなってきました。
　　記憶に関しては、2時間前の食事内容を忘れたり、友人との約束の日にちを1週間間違えたりしました。少し前に預けた手帳のことをすっかり

忘れて、そのことを言われても思い出せませんでした。入院している病院の自分の病室からリハビリ室までは、何度通っても道順が覚えられませんでした。

　行動に関しては、知っている人を見つけると、静かにしないといけないような場所でも回りを気にせず大声でその人の名前を呼び続けたり、ふざけてはいけないような真面目な場面でふざけたりしました。周囲の状況はまったく気にしない様子でした。

　集中力（注意）に関しては、自分で車椅子をこいでいても、すぐに止めてしまうことがよくありました。本を読んでも、同じ行を繰り返し読み、前に進まず、止めてしまうことがよくありました。そうかと思うと、検査などで、問題が出来なかった時には、ずっとそのことを気にし続けたりもしました。

　段取り（遂行機能）に関しては、リハビリ室へ行こうと言われても、何から準備すれば良いか判断できず、自分では動けなくなります。お母さんに「靴を履いて」「ノートを持って」と一つ一つ指示を受ければきちんとできるのですが…。

　自分の状態の認識に関しては、歩行器がないと歩くのが危険な状態の時に、歩行器を使わずに歩き出してしまうことがありました。歩行器を使うことができるようになった時期においても、靴を履かず裸足で歩きだしてしまうこともありました。

検査結果

　生活上の問題と同じ問題が結果からわかりました。以下にまとめます。

知能検査

　言語性 IQ104、動作性 IQ71、全 IQ87（平均は 100 です）（WISC－Ⅲ）
　検査が出来ない時には、「どうしてしなくちゃいけないの」と大声を出したり、部屋から出て行こうとしたりしました。

記憶検査

　　形の記憶4歳5か月レベル、数の記憶9歳2か月レベル以上（ITPA）

　　耳で聞いて覚える（言語性記憶）50未満、目で見て覚える（視覚性記憶）50未満、一般的記憶50未満、注意/集中力60、遅れて思い出す（遅延再生）50未満（平均は100です）（WMS-R）

　　問題文を繰返し確認しないと始められなかったり、答えが正答かどうかが気になり始めると進められなかったりしました。

注意および遂行機能の検査

　　集中して取り組まないといけないような検査は、なかなかうまくできませんでした。正しくできているかどうかが気になり始めると次に進めなくなってしまうことや、途中で思い出したことを話し始めてしまうため検査が終わらなくなることがありました（TMT-A、TMT-B、CAT、仮名拾いテスト）。

社会生活に関する検査

　　社会生活年齢が3歳7カ月でした（S-M社会生活能力検査）。また、性格検査では、依存的であり、全体的に低く出ました（幼児・児童性格診断検査用紙）。

言語聴覚療法の方針

　　急性期の病院であったために、初回評価中心となりましたが、これらのデータをリハビリテーション専門病院へ転院された際に、持参していただきました。

第四章

臨床場面で親御さんから受けた質問

この章では、これまでに臨床場面で私達が親御さんから受けた質問の一部を紹介しました。自分達だけが悩んでいるのではないことや、自分達と同じ質問をしている人がいると思ったら、一度病院の言語療法部門へ相談に行けば良いのだと思って下さい。また、現在すでに通院して言語指導を受けている方にもぜひ読んでいただきたいと思います。

Q1：子どもの言葉のことが心配になってきました。
　　まず、どうすれば良いのでしょうか？

　お子さんの言葉のことが心配になられたら、先の章で挙げてきた原因を消去法で１つずつ確認していくことです。まず手始めに耳鼻咽喉科を受診して、耳鼻咽喉科疾患がないかを診てもらいましょう。話す・聞くことに直接関係ある医療領域は耳鼻咽喉科です。お近くの開業医さんで耳（みみ）、鼻（はな）、咽喉（のど）も診てもらいましょう。小さいお子さんの聴力（聞こえの度合いを調べる検査）は大きな病院でしかできない場合がありますが、安全な検査ですので、言葉の事で心配になったらぜひ検査を受けて下さい。その場合に、お子さんを寝かせて機械で測定するABR（聴性脳幹反応）や、ASSR（聴性定常反応）などと、お子さんが起きた状態で測定するCOR（条件詮索反応）という検査がありますので、両方とも受けることをお勧めします。言葉のことはまずSTにご相談下さい。最近はインターネットでいろいろ検索できますが、直接お聞きになる方が一番良いと思います。

Q2：お兄ちゃんも3歳までことばを話せなかったけど、そのうちに喋りだしたので、この子も3歳過ぎてもまだしゃべっていないけどもう少し様子をみても良いでしょうか？

　大丈夫だとはいえませんが、少しずつことばが増えるように手助けをしていきましょう。まずは、理解（わかるか）しているかどうかを確認し、理解できていないなら、子どもが興味を持っているものに親も参加して、言葉の刺激をしながら教えていきましょう。前の章でもふれましたが、状況判断ではない理

解ですよ。理解が少し悪いようでしたら、すぐに小児科や耳鼻咽喉科に受診して、ことばの専門家であるSTを紹介してもらって下さい。

Q3：じっとしていられなかったり、椅子に座っていても足をばたばたさせてしまったり、動き回る場合は、どうしたらいいですか？

　どうして落ち着きがないのか、動き回るのかの原因を突き止めることが必要です。小児神経科の先生のところで一度ご相談されるのも良いですよ。発達障害と言われるお子さんの中には、落ち着きがない症状を示す例があります。このような問題がない場合でも、落ち着きがないこともありますので、そのような時には、例えば、ゲームのような感覚で、足型（両方）を書いて、紐で丸をつくり床や地面におき、その場から動かないように指示して足型に足をのせてもらったり、丸にした紐の中から出ないように教える方法なども試みられたら良いと思います。

**Q4：自閉傾向のある子どもです。
　　　学校に登校するとすぐに体操服に着替えることになっていますが、着がえずに教室に入って行ってしまうことがあり困っています。どうしたらいいですか？**

　自閉傾向のあるお子さんの場合には、言葉で説明してもなかなか聞き入れられない場合がありますが、例えば「視覚支援」という言葉を用いていますが、学校に登校してから教室に入るまでの順序を写真でとり、文字を書き、順序を示す方法を繰り返すことで、お子さんが理解しやすくなる場合がありますので、一度試してみて下さい。

　大人の目から見て、困った行動をしてしまうお子さんに対して、「だめ」を繰り返しても意味がありません。ここは大人の知恵を出しあうのです。どうしたら、うまく環境に溶け込めるかを、親やその周辺の関係者が知恵を出し合うのです。そのために、専門機関でいろいろ検査・評価をしてもらい、どんな能力があって、どのようなことが上手でないのかをまず確認することです。手掛かりはそのような所から得られる場合が多いです。

Q5：普通学級に行ける基準は？

　普通小学校に就学する目安は、地域によって大きく異なるのではないかと思います。また、普通学級に在籍して言葉の教室などに通級する条件となる場合や、普通学級には籍をおかずに、固定した言葉の教室に在籍という例もあります。また、地域に言葉の教室がなくて、普通学級に入学・在籍している例もあります。学校によって基準も異なりますが、おおよその目安として、授業中、座っていられるか？排泄は自立しているか？集団行動ができるか？などという学校もあります。

Q6：言葉が出ないのですけど、そのうち喋れるようになりますか？

　昔は男の子は言葉が遅いといわれましたが、その証拠となる報告はありません。しかし、言語障害は男の子の方が女の子より多いようです。とにかく、ご心配なら、まず耳鼻咽喉科医院や小児科の先生にご相談下さい。

　子どもが言葉を覚えるには、大切な時期があります。とくに幼児期が大切です。たとえば、難聴の場合には３歳過ぎると、とても補聴器を付けるのが困難になってくるのです。３歳ぐらいになると、体も手もよく動きますし、行動も激しくなってきますから、耳の後ろに何か（今の場合補聴器ですが）が付けられると、うるさく感じるのでしょう。また、小さく聞こえてくることに慣れてしまっていることが考えられます、一方、０歳で難聴が発見されて補聴器を装着しているお子さんは、１歳半ぐらいには言葉がわかるようになってきますので、逆に、ちょっとでも補聴器を親がはずそうとしたりしますと、嫌がります。聴こえないことがとても困るようです。

　口蓋裂の場合でも、現在の医学では１歳過ぎには手術をしますので、３歳頃まで放っておくと、悪い発音の癖がついてしまい、手術をしてもかなり発音の訓練が必要となります。言葉に関しては早い対応をお薦めします。

　吃音の場合にも、進展と言って、どんどん症状が進行していきますので、ごく初期の間に手を打つのが良いです。なんと言っても早めの対応です。

このように、多くの言葉の障害では、早い対応が望ましいと思います。

Q7：子どもはあまり好きではないのですが、どうしたら良いでしょうか？

　最近は、ご両親が共稼ぎのご家庭が多く、日中、親は仕事、子どもは保育園・幼稚園で、夜にしか親子が顔を合わせない方も多いです。夜になると、親子共々疲れています。お母さんは夕食作りや子どもを風呂に入れたりなどで、家事が忙しく、なかなかゆっくり親子で遊ぶと言っても、子どもは何ができるようになっているのかも見逃してしまっていることがあります。
　病院の外来に見えたときには、子どもの良いところをいくつ挙げられるか、まず担当者に話してみて下さい。その一方で、ご自分が子どものやっていることで嫌だなあと思っていることもお話して下さい。そうすると、どのような事に親がこだわっているか明らかになります。そして、子どもがこんなこともできるようになったのだという発見が必ずあります。外来で、我が子についていろいろ発見できれば、だんだんお子さんを好きになるのは間違いないです。

Q8：仕事を休めなくて、ことばの訓練にも通院できないし、家でも練習する暇がないのですが？

　確かに、共働きの人が多いので、訓練に通う時間や家庭での訓練時間を確保することが難しいかもしれませんが、発音の訓練は一週間に何回来ていただくか（頻度と言います）が多いほど、早く良くなります。また、毎日寝る前に5分練習とお願いしますが、これをするかしないかでは治りが全然違います。ご両親がお子さんの発音について、困ったなあと本当にお思いなら、早めに直してしまうこと、即ち、大人の知恵を働かせて、わずかな時間を作りだしてほしいのです。

Q9：両親で子どもの言葉の心配度合いが違うのですが？

　そうですね。珍しいことではありませんからご心配には及びません。こんな例もありました。例えばご両親に子どもさんへの関わり方の説明・指導をさせ

ていただいている間に、途中で部屋からお母様が退室されてしまったことがあります。一方、お父様の方はとてもお子さんの現在の状態が御心配なのか、お子さんへの関わり方や、参考になる本などを教えてほしいと熱心に尋ねてこられる場合がありました。

丁度この反対の例もあります。またご両親とも全くお子さんの言葉のことは気にしていないのに、祖父母がとても心配して、来院される場合です。いずれにしても、家族の問題として子どもの言葉の問題を家族皆さんでお話し合えるような情報を外来で提供させていただきますので、まずはご心配されている周囲の大人の方が話し合いをされたら良いと思います。

家族といえども子どもに関する問題について、最初から同じ程度に心配しているとは限りませんから、何度も話し合うことをお勧めします。話し合いが大切です。それをあいまいにしていると、初診時はお母さんが来院されましたが、それ以降はすべておばあちゃんが孫を連れて言語外来にみえるだけで、病院にお任せという状態です。そのおばあちゃんとお孫さんは同居していませんでしたので、家庭での詳細な様子を把握できません。でも、連絡ノートにお母様が家庭での様子をしっかりと記録されていれば、ノートに外来の様子を書かせて頂きますので、お父さんもノートを見られれば、今のお子さんの様子がわかって、結局家族内の共通認識が深まると思います。

先にも書きましたが、言葉というものはお子さんが一方的にたくさん話すことが目標ではありませんよね。親や兄弟、またお友達とやり取りして、挨拶したり、自分の思いや要求など伝えあったりするものです。ですから、外来での訓練だけでは良くならないことは明らかですね。外来で担当者が子どもに訓練をやっているところを親御さんに良く見ていただいて、家庭でも実践してほしいのです。この辺の所がまだ十分にご理解いただけないお母さんは、訓練場面で、子どもの気が散るからと言って同席せず、部屋の外で待っていると言われることがありますが、とても勿体ないことです。お母さんは子どもと同席して少しでもプロのやる技術を盗んで下さい。

そういう意味から私どもは、家庭での記録ノートをとても大切にします。お

母さん達だって、最初からうまくノートに記録できる訳ではありませんので、何度も指導します。

だんだんとこのノートの重要性が増しますと、お母さんが第二子出産のためにしばらく外来をお休みされても、替わりにお父さんがノートを持参して外来に来ていただけるので、家庭でのお子さんの様子がよくわかります。ですから、私どもの施設では、通院してくるお子さん（この場合には聴覚障害児ですが）が、就学するまでにどれくらいの語彙を理解して、話すことができるようになったか親はノートをみてすぐに答えられるのです。

30年前ぐらいの話ですが、祖父母、両親と一緒に病院の外来に見えたお子さんのお話をしますね。そのお子さんは高度難聴と判定されたのです。祖父母は田んぼで忙しい、お父さんの給料で家のローンを支払っているし、お母さんは自家用車のローンを払っているから仕事を辞められないと言うことで、誰がこの高度難聴幼児の面倒を見るかということで、外来で御家族がもめていたことがありました。その時の訓練担当STは、「大人の都合を並べればそれぞれいろいろあるでしょう。でも、このお子さんにとって今何が一番必要かということを考えてほしい」と指導していたのを覚えています。せっかく相談に見えたのですから、一度お子さんの周囲の大人が知恵を出し合い、その子にとって一番大事な事は何かを考えてあげることをやって頂きたいのです。

先にお話しした例と全く違うご家族の例をお話します。ご自分達の孫が、言葉が遅いようだと心配して、祖父母が孫を連れて来院しました。結果は中度難聴でした。ご両親は共稼ぎで、子どもの言葉が遅いことにも気づいていませんでした。その後、お母さんのご実家のバックアップのお陰で、お母さんは仕事を辞めて難聴の我が子の訓練に関わることになりました。

御兄弟数人いるうちの一人のお子さんに言葉の問題がある場合に、他のお子さんを午前中だけでも保育園に通園させ、その間の時間を利用して訓練している方もいます。

大人ですから、いろいろ知恵を出し合えば何とか子どもにとって妙案が出るものです。

Q10：家族の協力を得るにはどうしたら良いですか？

　お母さん一人の子どもではないので、父親・祖父母の協力も必要です。ご家庭が仲良く落ち着いていないと、お子様の養育は難しいですよ。たとえば、聴覚障害を例にとってお話しましょう。聴覚障害児の子どもを育てるのに、母親一人が頑張れば何とかなると思ったら大間違いです。言葉というものは、子どもに一方的に教えるものではなく、親やその周辺にいる人がコミュニケーションの見本を子どもに示してこそ、子どもに獲得されるものです。要するにコミュニケーションのやり取りを家庭の中で示すことが重要なのです。

　ですから、障害が重い場合には、家事を完璧に行うのではなく、手を抜くことも必要であることを家族で理解し合い、話し合ってお互いに助け合って療育しましょう。

　我々が行っている聴覚障害幼児の集団訓練では、母親だけでなく、子どもの祖父母や兄弟姉妹も参加することが多々あります。訓練の場にお祖父さん、お祖母さんにも来ていただくのは、集団訓練の場では0歳代から小学校就学までの6歳児が一緒に訓練（訓練の内容は、それぞれのお子さんが担当者から出されている課題をやっている）をしていますので、ご自分たちの孫が、今後どのようなことをやっていくのか、また成長したお子さんを見ることができるので、将来の様子も伺えるのです。「百聞は一見に如かず」なのです。兄弟姉妹も夏休みなどにたくさん参加します。合宿などでもできるだけ兄弟姉妹も参加されるように勧めています。それは、兄弟姉妹にとって、親の関心が、障害のあるお子さんだけに向いていると面白くないものです。ですから、親子ができるだけ同じ経験をすることが大切だと思っています。合宿では、同伴してきた兄弟同士が仲良くなり、また来年会えることを楽しみにしている例もあります。そして何よりも大切なのは、障害を持つ子ども同士の縦や横の繋がりをつけてあげることで、子どもの孤立を防止することができると考えています。

Q11：最近少し話ができるようになってきたので、もう大丈夫かなあと思うのですが？

　今までほとんど話さなかったお子さんからちょっと言葉が出てきますと、もう安心と言って、後は保育園・幼稚園にお任せという親御さんがいます。家庭内で聞きなれた親や兄弟の言葉でのとやりとりから、いきなり幼稚園での同級生とのやりとりは、段階がちょっと跳ぶのです。家庭でやり取りができるようになって、その後、家に遊びにきたお兄ちゃんやお姉ちゃんのお友達ともやり取りができ、その後、自分と同じぐらいの年齢のお友達を求めるようになります。同級生と言えども、結構発話が良いお子さんもいますので、なかなか太刀打ちできず、かえってストレスを生じることもありますので注意が必要です。
　一番親が勘違いしてしまうのは、3歳代程度のことばの発達をしたら親はもう我が子の言葉は大丈夫だと思って、医療機関へ通わなくなることです。一番良く経験するのは、軽度難聴のお子さんです。言葉が出ない状態や単語程度しか話さない程度の時は、親も真剣に訓練に通ってきますが、3－4語文程度の発話が出現して、家庭での会話に困らなくなってきたら、親は安心してしまい、訓練を中断してしまわれる方が多いのです。難聴の場合には軽度でも日本語の獲得状況はあまり良くないという論文が多々あります。幼児期後期に習得する、さまざまな日本語の文構造があるので、ここは専門家のSTにお任せ下さい。3～4歳程度の日本語力では小学校1年後期の段階で、国語にはついていけないと思います。親の素人判断で決めてはいけないと思います。そのために私達STがいるのです。

Q12：病院で子どもが精神発達遅滞（知恵遅れ）と診断されてからは「どうせ遅れているから、理解できないだろう」と思っていますが？

　どんなに重度の障害を持っているお子さんでも、周囲の大人がしてやれることはたくさんあります。第3章のダウン症のお子さんの親御さんのように、どうせダウン症だし、知恵遅れだからもう何もできないと思っていたお母さ

んですが、ダウン症の場合には軽度の難聴にとてもなりやすいのです（滲出性中耳炎を繰り返す）。しかも、耳鼻咽喉科医院で治療していただければ、聴こえが少し回復するのです。そうしたら、ご両親の声やテレビからの音などさまざまな音刺激が心地よく聴こえてきます。少しでも聴こえが悪いと、ちょっと離れると全然聞こえなかったり、音が歪んで聞こえたりするので、子どもにとっては言葉が耳に入ってきても心地よいものではないので、覚えにくいのです。ですから、親が耳の管理をしっかり（この場合には耳鼻咽喉科医院へ診てもらいに行き、鼻を吸ってもらったり、薬をもらったりすること）することなのです。私達の病院でもダウン症を始めとして、多くの奇形や重複障害を持っているお子さんが小児科受診と合わせて、耳鼻咽喉科外来にも来科して耳鼻咽喉科的ケアと聴力の経過をみている方が多いです。子どもを連れてきている親御さんは、どちらの耳がどの程度聴こえが悪いかをしっかり情報を得ていらっしゃるので、通園している園の担当者にも伝え、音楽や紙芝居の時に座る位置の配慮をお願いしています。

Q13：どうして家庭での訓練が良いのでしょうか？

　なんと言っても家庭は、子どもにとって一番なじみのある場所ですので、家庭で訓練をするのが理想的だと思っています。でも親は言葉の先生ではないので、病院でSTによる指導を受けて、課題をもらいながら家庭で日々続けるのが良いと思っています。したがって、幼児期の訓練効果を左右するのは何と言っても親しだい、私達の立場からすると、親指導がうまくいくかどうかがポイントなのです。ですから、先にも書きましたように、ことばの連絡ノートはとても重要な役目を担うのです。

Q14：幼児期を過ぎたら、これまでのように病院ではみてもらえないのでしょうか？

　幼児期には親は遠方からも病院に通えますが、学童期になると、以前のように頻繁に医療施設に通えなくなります。もちろん学校の特別支援教育やことば

の教室、難聴教室で御指導頂いているお子さんもいます。私達は、患者さんの親御さんに年に一度夏休みなどには病院で診てもらうことをお勧めしています。それは長期的に見てもらえるところを確保しておくことが重要なのです。たとえば、精神遅滞であれば幼児期には残存機能を伸ばす訓練を主にやっても、小学校・中学校になるにつれて、お子さんの社会参加のお手伝いや残存能力を用いて、いかに社会の中で生活をしていくか、生活の質QOLを上げることにシフトしていきます。したがって、長期的には病院などの医療施設だけでは無理なので、私達は患者さんの会に入会することを勧めています。周りからみて子どもの問題がすぐに明らかになる障害、脳性まひ、人工呼吸器を使用しているなどの身体障害、注意欠陥多動性症候群などのお子さんを持つ親御さんは、ご両親で幼児期以降も関わる方が多い（関わらざるを得ない状況がいつもある）のですが、身体に障害のない、聴覚障害、精神遅滞、重複障害児の場合には、年齢が上がると共に親の熱意が下がる方が多い（もちろん、数十年に亘って我が子の障害に関わり、社会の中でなんとか認めてもらう活動を続けている方も大勢いますが）という印象を持っています。とくに聴覚障害の場合に目立つようで、その分お子さんの孤立を進めることになります。「子どもはいつまでも難聴ですよ」と、親御さんには啓発しているつもりですが、実際には、健聴者の中に紛れこんでしまえばそれで良し、とする親御さんも実際には多いので、子どもがいくつになってもいつまでも子どもの立場になって考えていってほしいと願っています。

Q15：幼児にはどのような本を読み聞かせれば良いのでしょうか？

　絵本はお子さんの言葉を育て、想像力（創造力）をも育てる魔法の力を持っていますので、ぜひ絵本の好きなお子さんに育ててあげてほしいです。それでは、親は家庭でどのような絵本を読み聞かせれば良いのでしょうか。
　以前私たちは北陸地方の幼稚園や保育園14施設で読み聞かせている絵本について調査しましたので、少し紹介しましょう。
　年少グループで良く読み聞かせられている絵本で上位に挙がってきた本は、

『三びきやぎのがらがらどん』『はらぺこあおむし』『てぶくろ』の3作品でした。これらの本はいずれも内容の繰り返しによりストーリーが展開するところが共通しています。絵本に登場するキャラクターが親しみやすいもので構成されており、そのカテゴリーが動物だけ、人だけと限定しているものが多い傾向があります。すなわち、登場するキャラクターの関係性が明確です。また、絵本を読んだ子どもの気持ちが大人からのわかりやすいことばがけで表現できるような内容です（表7-1）。

年中グループで良く読み聞かせられている絵本で上位に選択されてきた本は、『11ぴきのねこ』シリーズ、『せんたくかあちゃん』、『だるまちゃんとてんぐちゃん』、『からすのパンやさん』でした。これらの本は、お話に登場するものの語彙数が増え、身近な語彙よりもファンタジー的なものの語彙が広がっています。お話の展開が、読み手も聞き手にも推測されにくくなるものが多くなり、先を想像して読み進めるところが特徴的です（表7-2）。

年長グループで良く読み聞かせられている絵本で上位に選択されたものは、『エルマーのぼうけん』、『スイミー』、『おしいれのぼうけん』、『おしゃべりな

表7-1. 年少組でよく読み聞かせられている絵本

順位	題名	出版社
1	三びきのやぎのがらがらどん（北欧民話）	福音館書店
2	はらぺこあおむし	偕成社
3	てぶくろ（ウクライナ民話）	福音館書店
4	そらいろのたね	福音館書店
5	おおきなかぶ（ロシアの民話）	福音館書店
6	ぐりとぐら	福音館書店
7	三びきのこぶた（イギリス昔話）	福音館書店
8	11ぴきのねこどろんこ	こぐま社
9	14ひきのぴくにっく	童心社
10	おおかみと七ひきのこやぎ（グリム童話）	福音館書店
11	ぐるんぱのようちえん	福音館書店
12	どろんこハリー	福音館書店
13	めっきらもっきらどおんどん	福音館書店

第四章　臨床場面で親御さんから受けた質問　　65

表7－2．年中組で良く読み聞かせられている絵本

順位	題名	出版社
1	11ぴきのねこ（シリーズあり）	こぐま社
2	せんたくかあちゃん	福音館書店
3	だるまちゃんとてんぐちゃん	福音館書店
4	からすのパンやさん	偕成社
5	はじめてのおつかい	福音館書店
6	めっきらもっきらどおんどん	福音館書店
7	もったいないばさん	講談社
8	おおきなおおきなおいも	福音館書店
9	おしいれのぼうけん	童心社
10	おたまじゃくしの101ちゃん	偕成社
11	おなべおなべにえたかな？	福音館書店
12	こすずめのぼうけん	福音館書店
13	しずくのぼうけん	福音館書店
14	そらいろのたね	福音館書店
15	そらまめくんのベッド	福音館書店
16	どろんこハリー	福音館書店
17	ねずみくんのチョッキ	ポプラ社
18	ばばばあちゃんシリーズ	福音館書店
19	はらぺこあおむし	偕成社

表7－3．年長組で良く読み聞かせられている絵本

順位	題名	出版社
1	エルマーのぼうけん	福音館書店
2	スイミー	好学社
3	おしいれのぼうけん	童心社
4	おしゃべりなたまごやき	福音館書店
5	じごくのそうべえ	童心社
6	おおきなおおきなおいも	福音館書店
7	すてきな三にんぐみ	偕成社
8	どろんこハリー	福音館書店
9	バムとケロのそらのたび	文溪堂
10	めっきらもっきらどおんどん	福音館書店

たまごやき』、『じごくのそうべい』でした。これらの本は共通して、主人公がお話の中で体験していくストーリーであり、子どもが自分を主人公に重ねて普段の生活では経験できないような感情がもてる作品です。ストーリーの場面も非日常的な設定が多く、絵の枚数に比べて話の展開が複雑になり、内容そのもので楽しめる作品ともいえます（表7-3）。

　次に、年少から年中、年長グループともにベスト10内に入っていた本について調査しました。その結果、全部の年代グループで上位に選ばれていた本は「どろんこハリー」、「めっきらもっきらどおんどん」の2冊でした。また、年少グループと年中グループで共通して上位に選ばれた本は、「そらいろのたね」、「はらぺこあおむし」の2冊でした。さらに、年中グループと年長グループで共通して上位に選ばれた本は「おしいれのぼうけん」、「おおきなおおきなおいも」の2冊でした。

　全年代グループで上位に選ばれた2冊は、絵と文がより一体化していて、どの年代の子どもにもわかりやすいものです。また、年少と年中グループに共通して上位に選ばれた2冊は、虫や種といった身近な自然が絵とともに変化するストーリーであり、年中と年長に共通して上位に選ばれた本は、どちらも保育園や幼稚園が舞台になって、子ども自身が絵本の中に参加できるようなストーリーが展開されています。年代をまたいで子どもが広く興味をもてるものから成っています。

　ここまでご紹介してきた、保育園や幼稚園で読み聞かせている本についての情報を家庭でも共有することは、幼児期は言葉の発達にとって重要な時期と重なっていることもあり、大切なことだと思います。

Q16：文の刺激用カードが必要ではないでしょうか？
　子どもの言葉の発達を促すために訓練用教材として市販されているもののほとんどは、仮名文字や単語レベルのものです。とくに文字言語に関するものは、「あいうえお」などのひらがな1文字カルタ形式のものや、漢字1文字カード類が多いのが現状です。最近では、ことわざや慣用句などのリストも販売さ

れていますが、いわゆる文の構造を意識した訓練用教材はほとんど見当たりません。

そこで、私達は上記で収集した資料から文の訓練用として、出現頻度が多かった助詞を用いて文を作成して、それに対応する絵カードを別途作りました。

作成した絵カードの一例

母国語の獲得は幼児期にどのように過ごすかが重要であるので、現在子育て中の親のみならず、これから親になろうとする人たち、また幼稚園・保育園の担当保育士、さらには地域の子育て支援を実践している保健師の方々にも役立つと思われるので、ぜひ活用していただきたいと思います。

このような文のカードは、家庭という子どもにとって最も慣れ親しんだ環境の中で言葉を育てていく時に、絵本のストーリーまで、まだ理解しないけど、物の名前はすでにわかっているレベルのお子さんに対して、言語刺激用として役立つものと思います。実際にお子さんが何らかの原因で言葉の遅れがある場合に、家庭で訓練を実践する母親に絵カードの作成などに負担がかかることも現実にあります。ものの名前は何とか絵にすることができても、動作絵になるとかなり技術を要します。中には絵を描くことがとても上手な親御さんもいらっしゃいますが、一方で全く描けないという方もいらっしゃいます。そんな状況の中で以前から文レベルのカードの必要性を感じていました。

第五章
関連職種の方々へのお願い

この章では、言葉の問題を抱えるお子さんに対応する関係職種の方々へのお願いという形で書いてみました。少々おこがましい部分があるかもしれませんが、言語聴覚士はこんな情報を欲しがっているのだと思って下さい。

保健師さんへのお願い
　病院の言語聴覚療法部門には、乳幼児の1歳半や3歳健診の精密検査票を持参して、子どもと親御さんがしばしばみえます。1歳半健診で、すでに保健所で言葉の遅れを指摘されているにもかかわらず、2歳以降に初めて来科されるケースを何例も経験しています。その中には、聴覚障害児も含まれていました。聴覚障害で補聴器の装用が必要な場合には、早め（0歳から）の対応によって効果が大きく得られますので、とりあえず、聞こえだけは確認しておきましょうと親御さんにお話していただければと思います。

保育園・幼稚園の担当の先生へ
　保育園や幼稚園に通園する年齢は、発音（構音）や吃音がよく目立つ年齢でもありますので、早めの対処、つまり、最寄りのSTがいる病院に紹介することをまずお願いします。日頃から、通園している園児の居住区にある病院で、STが働いている病院を知っておくのも良いと思います。ただ、STにもさまざまな領域があり、小児を対象としているか、成人が主な対象かを見分けて下さい。ただ、現在は成人が主な対象者であっても、臨床経験が長いSTがいる場合には、子どもの構音障害や吃音に対して訓練できる方もいます。
　園の先生達は、親にとって一番身近な相談相手だと思いますので、普段から園児の親とはコミュニケーションを良くしておくことをお勧めします。もし、親からSTのいる病院に子どもを通院させているとお聞きになった場合には、親御さんの了解を得て、ぜひ園での様子を通院している施設のSTに教えて頂きたいです。ただ、この場合には個人情報の保護の観点から、親御さんには、通院している病院のSTに、園でのお子さんの情報を渡すという了解を必ず得て下さい。親が知らないうちに情報が漏れていることは絶対に許されないこと

です。お子さんのご両親は「うちの子に限って、そんなことはない」と思いがちですが、日中、お子さんと一番接している時間が長いのは、園の担当の先生達ですから、ぜひ情報を共有したいです。そのためには、お互いの領域で用いる専門用語にも慣れ親しんでおくことが大切です。したがって、日ごろから勉強会や研究会などで交流するのも手だと思います。ある市の保育課では、「子どもの発達やことばの相談」ということで、STが雇用されて地域の保育園を巡回するというサービス（保育カウンセラー）を提供しているそうです。

学校の担任の先生方へ

　学童以降に、言語療法部門に相談にみえる言語聴覚障害で最も多いのは、吃音だと思います。患者さんが中学生や高校生の場合に、小学校の時に、担任の先生から吃音だと思うから、「どこかSTがいる病院で診てもらいなさい」とか、「ことばの教室へ相談に行きなさい」などのアドバイスを一度も受けたことがないというケースが多いのです。小学校の先生たちにお伝えしたいのは、吃音は、訓練を受ければ、改善するということを知ってほしいのです。大人になるにしたがい、吃音も複雑化しますし、子ども自身の心の葛藤もあります。

　最近では、発達障害などのお子さんが通常学級に通学するケースもあることから、先生たちの知識は深まりつつあるようですが、いわゆる言語聴覚障害に対する知識、すなわち口蓋裂や聴覚障害、吃音、構音障害などのことをもっと知ってほしいのです。その他、交通外傷によって高次脳機能障害となった学童についても理解を深めてほしいです。

　最後になりましたが、普通学級に在籍していても、視覚や聴覚支援を少し気にかけていただけると、授業についていける生徒がいるということを御理解いただければと思います。聴覚障害児の場合にはFM補聴器を利用していただけると、先生が聴覚障害児の席から離れても、先生の声がよく聞こえてきます。普通の補聴器や人工内耳だけでは、近くでのお話は理解できてもちょっと距離が遠くなると、声が聞こえにくくなってしまうのです。

教育委員会の方へ

　脳外傷などによる高次脳機能障害の知識が、全体に不足しているような印象を持っています。

　教育相談会の情報が、保育園により差があるのか、伝達方法が決まっていないのかわかりませんが、相談会を希望される保護者に情報が伝わっていないことがあるので、徹底してほしいです。

　就学を控えているお子さんの中で、言葉の問題のある児童などの話し合いをする「就学指導委員会」があります。この「就学指導委員会」の構成メンバーは、各市町によって異なるのではないかと思います。A市の場合は、総合病院院長、開業医、社会福祉協議会会長、市福祉課課長、特別支援学校の先生、小学校長会会長、中学校長会会長、教員代表、と教育委員会事務局との計十数名で構成されております。障害を持つ子どもさんに関わるのは、保育園の管轄である福祉課、小児科・耳鼻科以外の医師なども含まれてくると思いますが、A市の場合にはそれらの方々はメンバーではありません。同じ石川県内の別の就学指導委員会には、専門職の立場からということで、耳鼻科や小児科の医師の方が参加されているところもあります。先ほどのA市の場合には、何か問題がある子どもさんがいた場合、教育委員会からそのお子さんが通園している保育園・幼稚園に行き、園での様子を実際に見て、先生の話を聞いて「就学指導委員会」の判断の一つとしているようです。残念ながらA市の場合には、STのいる総合病院があるのですが、「就学指導委員会」においてSTや病院の話は出てきたことがありません。

　地方によって実情は異なると思いますが、聴覚障害の場合、石川県の奥能登地区に聴覚障害幼児がいた時には、金沢から月一回程度、ろう学校の専門の先生が指導や教育相談に行かれるようです。しかし、その幼児が訓練を受けている医療機関のSTや病院との関わりは、残念ながらありません。まだまだ、STと各機関（保健所、学校、保育園・幼稚園、病院、役所など）との情報の共有が完全になされていないのではないかということです。せっかくSTが評価や訓練をしても、それが他の機関に大事な情報として伝わっていないのではない

かと思うのです。たとえば「就学指導委員会」においても、検査結果などもっと有効に活用してもらえるようなことができないか、と考えます。保育園・幼稚園、学校の関係者に情報を渡し、共有することで、より有効な情報になりうると考えます。子どもさんを中心にして、だれが各情報を取りまとめていくかが難しいところだとは思いますが、これこそが今後の重要な課題ではないでしょうか。また、以前よりも認知度が上がったとはいえ、STの存在をもっともっと知ってもらうことも重要です。

最終章

若い親御さん達へ

　世の中に物があふれている環境の中で子育てする大変さを感じていらっしゃいますか？もし、そう感じていらっしゃらないようでしたら、少し子どもが興味を引くようなおもちゃ類、ゲーム機、テレビなどを部屋から取り除いて見て下さい。子どもは最初、いつものおもちゃがないので泣いたりするかもしれません。そしたら、抱っこしてあげたり、高い、高いをしてあげたり、おんぶして走ってあげたりして下さい。子どもはきゃっきゃっと喜びの声を上げるでしょう。それが親子のつながりをつける第一歩なのです。そして、その次にはやり取りです。私はボールでやり取りが何回ぐらいできるか家庭でやってもらいます。始めは、親が投げたボールがどこかへ跳んでいってしまったら、知らん顔して一人遊びを始めてしまっていたお子さんも、親とのやり取りの楽しさを理解し始めると、ボールがどこかへ隠れてしまったら、「あれ？どこ行った？」というような表情を親に返すようになります。親の方もそれに合わせて、「どこ行ったかなあ？おーい、ボールさん、どこ行ったの」と言いながら、一緒に探すのです。ようやく見つかった時の子どものうれしい顔、そんなことが子どもを育てていく時のコツだと思います。親も楽しい！！と思うことです。子育てという、子にとっても親にとっても人生一回だけのチャンスを後悔しないようにしてあげて下さい。親の都合で、子どもを振り回さないでほしいと願っています。

若いSTへのアドバイス

　人生に対する経験不足は、障害児を抱える若い親と同じだということを自覚して下さい。だからと言って経験不足の若いSTが難しい症例を担当してはいけないと言っているわけではないのです。できるだけ同施設内、いなければ近隣のキャリアのあるSTに相談することです。その際には、患者さんの個人情報漏えいにはくれぐれも注意を払って下さい。

　それから、一年に一度ぐらいは自分の担当した症例を振り返るために、症例報告でも結構ですから、学会等で発表をする癖をつけることが自分の臨床技術

を磨くためには良い方法だと思います。新人STは、つい聴衆側に回りがちです。それでも学会に参加すれば、役立つ知識は得られますが、ご自分の症例をまとめること、それを発表することの方がもっと役立ちます。

　以前、10年ぐらいキャリアのあるSTから学会発表支援を依頼されて、少しお手伝いをしたことがありますが、一番困ったことは、大事な患者さんのローデータ（描いたものや、書いたもの、発話テープなど）が一切保存されていなかったことです。臨床家に求められる能力は患者さんが放つ信号をいかに素早くキャッチすることができることですから、自分で患者さんの症状を解読できない以上は、1枚の紙切れといえども捨てないでほしいです。そこに良いリハビリテーションのアイデアが眠っていることが多いのです。

おすすめの書籍一覧

保護者の方々におすすめの書籍一覧

ことばの発達全般について

ことばをはぐくむ　―発達に遅れのある子どもたちのために―
中川信子（著）ぶどう社．1986年
言語聴覚士が書いた幼児期のことばの発達とは？ことばの発達に大切なこととはなにか？がまとめられた本です。

1・2・3歳ことばの遅い子　―ことばを育てる暮らしの中のヒント―
中川信子（著）ぶどう社．1999年
1歳から3歳のお子さんのことばの発達やことばの心配についてまとめられた本です。

こころと言葉の相談室　―東北大学教育ネットワークによる―
菅井邦明（監修）渡部信一（著）ミネルヴァ書房．2000年
ことばの障害、ことばについての心配についておおまかに知りたいときに。

聴覚障害について

きこえの世界へ　―聴覚に障害をもつ子どもの早期教育―
金山千代子、今井秀雄（著）ぶどう社．1993年
聴覚活用とことばの獲得について聴覚口話法の立場からまとめた一冊。

耳のことで悩まないで！　―中途失聴・難聴者のガイドブック―
中途失聴・難聴者ガイドブック作成委員会（編）社団法人全日本難聴者・中途失聴者団体連合会．2003年
聞こえについて心配な時の相談先、福祉制度も含めて書かれた実用書。

聴覚障害乳幼児の新しい言語療法　―金沢方式を実践して―
能登谷晶子（編）石崎孝彦（著）特定非営利活動法人金沢方式研究会．2008年
聴覚障害児のことばの訓練方法の一つである金沢方式（文字音声法）の改訂マニュアルです。金沢方式とは？訓練の進め方が具体的な教材と共にわかりやすく解説されています。
金沢方式研究会ホームページ http://kanazawa-houshiki.org/index_pc.html

ことばを獲得するための二人三脚が始まった
能登谷晶子（編）特定非営利活動法人金沢方式研究会．2008年
金沢方式（文字音声法）で聴覚障害を持ったお子さんを育てたお母さんの手記です。巻末に具体的な教材や年齢別の課題が掲載されています。

金沢方式紹介ビデオ （DVD・VHS）
第一巻　聴覚障害児のためのお母さんにもできる家庭でできる言語訓練法　基礎編手話
第二巻　家庭でできる言語訓練法　文字指導編
第三巻　後天聾における人工内耳装着の経過―7年間の経過―

発達障害について

はじめの一歩 ―自閉症の子どもたち、幼児期からの療育と援助―
新澤伸子（著）社会福祉法人 横浜やまびこの里．1999 年

ママがする自閉症児の家庭療育
HAC の会（編）HAC の会．2001 年
HAC（自閉症家庭療育の会）が発行する家庭で取り組める具体的内容とそのステップが紹介されています。http://homepage2.nifty.com/hac2001/

2 歳からはじめる自閉症児の言語訓練 ―子どもの世界マップから生まれる伝え方の工夫―
藤原加奈江（著）診断と治療社．2005 年
自閉症のお子さんのことばの特徴がわかりやすくかかれてあり、家庭で取りくめる支援の方法についてもアドバイスがわかりやすく書かれてあります。

自閉症のすべてがわかる本
主婦の友社．2010 年
自閉症の特性と正しい対応をわかりやすいイラストで理解できます。

発達障害の子どもの心がわかる本
佐々木正美（監修）講談社．2006 年
自閉症・ADHD・アスペルガー症候群など発達障害の子どもの心を理解し、どう接していけばよいかが書かれています。

自閉症ガイドブックシリーズ
財団法人日本自閉症協会
別冊　自閉症の手引き（改訂版）
シリーズ 1　幼児期編　2001 年
シリーズ 2　学齢期編　2003 年
シリーズ 3　思春期編　2004 年
シリーズ 4　成人期編　2006 年
別冊　海外の自閉症支援
各年代ごとに特徴や支援方法が具体的に書かれています。

専門家の方たちへおすすめの書籍一覧
保育士・保健師・ことばの教室の先生・ST をめざす方たちへ

ことばの発達全般

ことばの遅れとその治療 －シリーズ・ことばの障害 3 －
笹沼澄子（編）大修館書店．1979 年

小児のことばの障害
田中美郷、前川彦右ヱ門、鈴木重忠（著）医歯薬出版．1980 年

言語聴覚療法 臨床マニュアル 改訂第 2 版
小寺富子（監修）協同医書出版社．2004 年

子どものコミュニケーション障害 入門講座 コミュニケーションの障害とその回復 第 1 巻
笹沼澄子（監修）大石敬子（編）大修館書店．1998 年

言語発達遅滞の言語治療 改訂第 2 版
小寺富子（著）診断と治療社．2009 年

〈新版〉小児のことばの障害
加我牧子（編） 稲垣真澄、宇野 彰（著）医歯薬出版．2000 年

聴覚障害関連

きこえの世界へ －聴覚に障害をもつ子どもの早期教育－
金山千代子、今井秀雄（著）ぶどう社．1993 年

聴覚障害の心理
中野善達、吉野公喜（編著）田研出版．1999 年

言語聴覚士のための聴覚障害学
喜多村健（編著）医歯薬出版．2002 年

聴覚障害児のための言語指導 ～実践のための基礎知識～
我妻敏博（著）田研出版．2003 年

聴覚障害乳幼児の新しい言語療法 －金沢方式を実践して－
能登谷晶子（編）石崎孝彦（著）特定非営利活動法人 金沢方式研究会．2008 年
金沢方式研究会ホームページ http://kanazawa-houshiki.org/index_pc.html

ことばを獲得するための二人三脚が始まった
能登谷晶子（編）特定非営利活動法人　金沢方式研究会．2008年

金沢方式紹介ビデオ（DVD・VHS）
第一巻　聴覚障害児のためのお母さんにもできる家庭でできる言語訓練法－基礎編手話
第二巻　家庭でできる言語訓練法－文字指導編
第三巻　後天聾における人工内耳装着の経過－7年間の経過－発達障害関連

発達障害関連

保健指導マニュアル　－ちょっと気になる子どもたちへの贈り物－
小枝達也（著）診断と治療社．2002年

わかってほしい、気になる子　－自閉症・ADHDなどと向き合う保育－
田中康雄（著）ラポムブックス　学研．2004年

気になる子の保育Q＆A　－発達障がいの理解とサポート－
田中康雄（著）ラポムブックス　学研．2004年

2歳からはじめる自閉症児の言語訓練　－子どもの世界マップから生まれる伝え方の工夫－
藤原加奈江（著）診断と治療社．2005年

育てにくい子に悩む保護者サポートブック　－保育者にできること－
高山恵子（著）ラポムブックス　学研．2007年

自閉症スペクトラム児との暮らし方　－英国自閉症協会の実践ガイド－
Martine Ives&Nell Munro.（著）寺田信一（監訳）林恵津子（訳）田研出版．2008年

吃音

改訂 吃音　言語聴覚療法シリーズ
都築澄夫（著）建帛社．2008年

子どもがどもっていると感じたら　－吃音の正しい理解と家族支援のために－
廣嶌忍、堀彰人（編）大月書店．2004年

お子さんに関する悩みに言語聴覚士がお答えします
ことばの障害と相談室

2012年6月20日　初版第1刷　発行

編　著　能登谷晶子
著　者　四十住縁、折戸真須美、金塚智恵子、諏訪美幸
　　　　原田浩美、能登谷晶子、橋本かほる、谷内節子
　　　　若島　睦
発行者　鈴木弘二
発行所　株式会社エスコアール　出版部
　　　　千葉県木更津市畑沢2-36-3
電　話　販売：0438-30-3090　編集：0438-30-3092
F A X　0438-30-3091

Ⓒ Akiko Notoya. Midori Aizumi. Masumi Orito. Chieko Kanazuka. Miyuki Suwa. Hiromi Harada. Kaoru Hashimoto. Setsuko Taniuchi. Atsushi Wakajima. 2012

乱丁、落丁本につきましては弊社出版部にて交換いたします。　Printed in Japan　ISBN978-4-900851-63-4